다음 세대를 위한

통일
안내서

다음 세대를 위한

통일
안내서

서의동 지음

김소희 그림

너머학교

차례

1부

—

내가 생각하는 통일

이 책을 쓰려고 여러 사람에게서 통일에 대한 생각을 들었습니다. 10
대 고교생, 20대 취업 준비생, 30대 이주민과 평화 운동가, 40대 작가
와 탈북인, 50대 변호사를 만났습니다.

고등학교 3학년인 딸은 말합니다.

"통일까지는 모르겠고, 국외로 여행을 떠날 때 비행기 대신 기차나
자동차로 가게 되면 좋겠죠."

가장 소박한 꿈이고, 여기까지는 누구나 생각이 비슷합니다.

20대 취업 준비생인 이명주(가명)도 통일이 되면 북한과 자유롭게
왕래할 수 있다는 점을 꼽습니다.

"이산가족이 서로 자유롭게 만나고 북한의 유적지나 관광지에 갈 수
있어서 좋을 것 같아요. 금강산이나 고구려 유적지를 보고 싶거든요."

2019년 대학을 졸업하고 취업을 준비 중인 강예슬(가명)도 통일의
좋은 점으로 남북 관광을 꼽습니다.

"젊은 세대가 북한이 어떤 곳인지 피부로 느껴야 통일의 필요성을
깨닫게 되지 않을까요?"

그런데 한 발 더 들어가면 생각이 조금씩 달라지는 것 같습니다. 특히 청소년 사이에선 통일을 꼭 해야 하는 이유를 모르겠다는 의견이 우세합니다. 2019년 5월 경남의 한 고등학교에서 강연 도중 '통일'과 '평화로운 분단' 중 어느 것이 좋을지 물어봤더니 '평화로운 분단'에 손을 든 학생이 조금 더 많았습니다. 그런데 '통일'이나 '평화로운 분단'은 최종 목표 지점은 다를지 몰라도 중간 분기점 정도까지는 같은 길일 것입니다.

'평화로운 분단'을 지지하는 사람들은 같은 민족이라고 해서 반드시 한 나라에 살 필요가 있느냐고 반문합니다. 보수적인 생각을 하는 50대 변호사 권용성(가명)은 말합니다.

"요즘은 자기에게 맞는 나라를 선택하는 글로벌 시대예요. 어느 곳이든 받아주는 나라에서 일할 수 있지요. 국가 개념이 갈수록 흐려지는데 같은 민족이라고 무리해서 합칠 필요가 있을까요? 그냥 이 상태에서 잘 살도록 하는 게 나을 것 같아요."

실제로 한 민족이 여러 나라로 갈라진 경우가 있습니다. 터키와 아제르바이잔은 같은 투르크인의 나라입니다. 두 나라는 외교 문제에서는 서로 지지하고 협력합니다. 터키는 러시아와 외교 문제가 있을 때 옛 소련권에 속했던 아제르바이잔의 도움을 받고, 아제르바이잔은 미국과 풀어야 할 외교 과제는 터키의 지원을 받습니다. 두 나라의 언어 차이는 서울말과 경상도 사투리 정도라고 합니다.

터키 출신으로 방송 프로그램 「어서 와~한국은 처음이지?」에 출연한 적이 있는 저널리스트 알파고 시나 씨는 이렇게 말합니다.

"두 나라의 관계를 본다면 서로 이익이 되는 분단도 있을 수 있죠. 그런 점에서 보면 통일도 답이고, 제대로 된 분단도 답일 수 있어요."

지중해 동부에 있는 섬나라 키프로스공화국과 그리스도 '1민족 2국가'이고 발칸반도의 코소보와 알바니아도 같은 민족(알바니아)이 세운 다른 나라입니다. 이렇게 본다면 한민족이니 반드시 한 나라에서 살아야 한다는 것도 고정 관념일지 모릅니다.

소설가 장강명은 통일을 절대 목표로 하는 것은 바람직하지 않다고 주장합니다. 남북에 사는 주민들이 '좋은 삶'을 누리는 것이 목적이고, 그 목적을 달성하는 데 통일이 필요하다면 선택할 수 있는 문제라고 여깁니다. 먼저 한반도에서 전쟁 같은 급변 사태가 일어나지 않도록 관리하는 것이 중요하다고 봅니다.

"어느 사회도 급변 사태가 일어나면 약자들이 가장 큰 피해를 봅니다. 그러니 당연히 가장 좋은 전쟁보다 가장 나쁜 평화가 나은 것이죠."

장강명 작가는 우리 삶을 둘러싸고 있는 문제가 '민족' 문제보다 한층 복잡다단하다는 점도 통일에 대한 관심을 떨어뜨리게 한다고 생각합니다. 그의 말대로 지구 온난화, 글로벌 기업들의 조세 회피, 인공 지능과 로봇의 일자리 파괴 같은 문제가 더 중요해지고 통일은 이런 과제를 해결하는 것보다 훨씬 작은 문제일지 모릅니다.

취업 준비생 이명주도 말합니다.

"당장 내일 취업이 급한 청년들에게 통일의 미래상이 관심을 끌기는 어렵습니다. 통일을 위해 기꺼이 비용을 낼지도 의문이고요."

통일 과정에서 벌어질 갈등과 혼란을 생각하더라도 '평화로운 분단'이 낫다고 보는 것입니다.

"지난 한 해 동안 제주에 온 예멘 난민을 두고도 갈등이 극심했잖아요. 만약 통일하게 되면 훨씬 더 큰 혼란이 있을 텐데, 그런 일을 겪고 싶지 않아요."

문재인 대통령도 '통일' 대신 평화를 강조합니다. 남북 화해 협력조차 정착되기 쉽지 않으니 통일을 말하는 것이 자연스럽지 않기 때문일 것입니다. 문 대통령은 취임한 지 두 달 뒤인 2017년 7월 베를린에서 이렇게 연설합니다.

"통일은 쌍방이 공존공영하면서 민족 공동체를 회복해 나가는 과정입니다. 통일은 평화가 정착되면 언젠가 남북 간의 합의에 의해 자연스럽게 이루어질 일입니다. 나와 우리 정부가 실현하고자 하는 것은 오직 평화입니다."

실제로 '통일'보다 '평화로운 분단'이 덜 복잡하고 부담도 적어 보입니다. 우리가 일본이나 중국과 무역도 하고 관광도 하듯, 북한과도 이런 관계 정도가 좋은 것 아니냐는 생각일 겁니다. 정치 지도자들이 '통일'을 이야기하면 할수록 사이가 나빠졌던 어두운 역사를 생각해 보면 그게 나을지도 모릅니다. 그래서인지 남북정상회담을 하고 노벨 평화상을 받은 김대중 대통령이 역대 대통령 중 통일을 가장 적게 언급했답니다. 박명림 연세대학교 교수는 "평화는 통일을 위한 수단이 결코 아니다. 거꾸로 통일을 내려놓는 데서 참된 평화가 솟아난다."면서 통일이 아니라 평화가 목표가 되어야 한다고 합니다.

그런데 중국과 대만의 관계를 살펴보면 생각이 조금 달라질 수 있습니다. 중국과 대만은 1987년 친척 방문을 시작으로 물꼬가 트이면서 지금은 자유 왕래는 물론이고 대만인과 중국인이 자유롭게 결혼할 정도로 교류 협력이 활발합니다. 2010년에는 중국과 대만 사이에 경제 협정까지 체결되면서 경제 협력이 통합 단계에 접어들었습니다. 예전엔 남북 관계가 중국-대만 관계 정도만이라도 되면 얼마나 좋을까 하는 심정이었습니다.

하지만 두 나라도 정치적으로는 원만하지 않습니다. 1995~1996년에는 중국이 대만 앞바다에 미사일을 여러 차례 발사하며 일촉즉발의 위기 상황이 벌어졌습니다. 최근에는 시진핑 중국 국가주석이 대만을 흡수 통일하겠다고 위협하기도 했습니다. 중국과 세계 패권 경쟁을 벌이는 미국은 중국을 견제하려고 대만을 이용해 왔습니다.

경제와 사회 문화적으로는 아무리 사이가 좋더라도 통일이 이뤄지지 않으면 이런 정치·군사적인 긴장 관계가 근본적으로 해소될 수 없습니다. 이것이 '평화로운 분단'의 한계가 아닐까요? 중국과 대만 관계로 미뤄 보면, 남북이 '평화로운 분단'을 위해 불가침 조약을 맺더라도 정치 상황에 따라 합의가 언제든 뒤집힐 수 있습니다.

평화 운동가 정욱식 평화네트워크 대표는 주변국의 영향력이 큰 한반도 정세를 감안하면 '평화로운 분단'은 불가능에 가깝다고 말합니다.

"분단 상태에서도 안정적이고 평화로움을 유지할 수 있다면 좋겠지만 한반도 상황에서는 그것이 불가능하다고 봅니다. 분단 상태로도 북한에 여행을 가거나 북한과 교류할 수는 있지만, 항구적인 평화는 통일 없이 이룰 수 없습니다. 깨지기 쉬운 평화가 아니라 궁극적인 평화를 이루는 방법이 바로 통일입니다."

통일을 지나치게 부담스럽게 여기는 것은 바람직하지 않다는 의견도 있습니다. 문정인 연세대학교 명예 교수는 통일을 반드시 하나의 주권 국가가 되는 것으로 볼 필요는 없다고 말합니다.

"통일을 주권을 하나로 합하는 것으로만 생각하지 말고 주권 국가 간의 연합으로 규정하면 평화 공존과 통일은 병행할 수 있습니다."(문정인·홍익표·김치관 지음, 『평화의 규칙』에서)

유럽연합과 비슷한 형태의 남북 연합만 구성해도 사실상 통일이라는 것이죠.

2013년 북한을 떠나 한국에 온 탈북인 홍강철은 "남북이 서로를 이해해 가는 게 통일의 시작"이라고 합니다. 한국에 와 보니 북한에 대해 잘못 아는 것은 물론이고 북한을 이해하려 하지 않거나 관심이 없어서 놀랐다고 합니다. 특히 북한 관련 보도와 방송 프로그램이 터무니없는 정보를 내보내는 것이 사람들의 북한에 대한 인식을 나쁘게 한다고 봅니다.

"통일은 머나먼 일이고, 당장은 적어도 경제 협력이라도 하면서 서로를 알아가는 게 중요할 것 같습니다."

오랜 분단과 대립으로 쌓인 오해와 불신을 해소하는 과정 자체가 통일의 시작이라는 의미일 것입니다.

알파고도 비슷한 생각을 합니다.

"한국 사회에서는 점차 북한이 같은 민족이라는 생각이 옅어지는 것 같아요. 그런 점 때문에라도 남북 주민이 서로 교류하면서 공동의 기억을 쌓아 놓는 일이 매우 중요합니다."

취업 준비생 강예슬은 통일 과정에서 벌어질지 모를 혼란과 갈등을 걱정하면서도 통일은 시도해 볼 만한 일이라고 합니다.

"통일이 정말 해야 하는 일이라는 사회적 공감대가 만들어지고, 그 일을 추진할 만한 믿음직한 지도자가 있다면 충분히 도전하고 시도해 볼 가치가 있다고 생각해요."

이 책을 계기로 그 공감대가 조금이라도 만들어진다면 좋겠습니다.

이 책의 구성을 먼저 살펴볼까요? 2부에서는 통일에 대한 즐거운 상상을 해 봅니다. 분단 때문에 치러 온 비용이 평화를 위한 일과 우리 삶을 풍요하게 하는 데 쓰이고, 사회가 더 넓고 풍요로워지게 하는 통일의 힘을 미리 가늠해 봅니다. 한반도가 동북아 경제의 새로운 축이 됨은 물론 세계 평화의 상징이 되고, 차별받는 재일 동포들도 일본 사회에서 당당히 살아갈 길이 열리게 될 것입니다.

3부에서는 통일을 반대하는 의견을 살펴봅니다. 전쟁의 상처가 워낙 깊은데다 남북이 너무 많이 달라져 통일이 불가능한 것은 아닌지 짚어 봅니다. 통일 과정에서 남북의 약한 이들이 더 피해를 보지는 않을까 하는 걱정과 주변 강대국들이 한반도 통일을 과연 바랄까 하는 의문도 담았습니다. 이런 의견들을 찬찬히 짚어 볼수록 통일에 대한 생각의 틀이 탄탄히 다져질 것입니다.

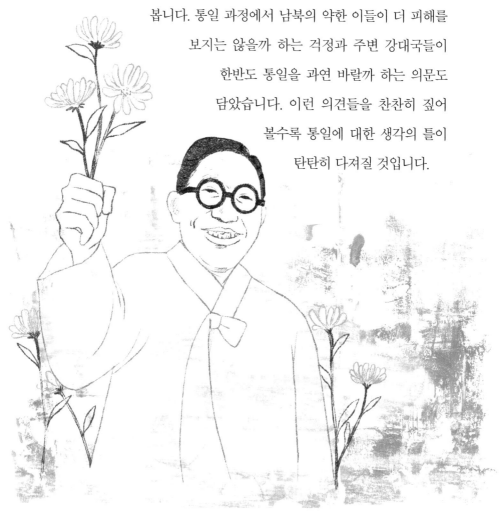

4부에서는 어떤 통일 방법이 좋을지를 통일을 이룬 나라들을 살펴보며 함께 생각해 봅니다. 제2차 세계 대전이 끝난 뒤 한반도와 비슷하게 강대국 군대에 점령당했지만 정치가들과 국민이 힘을 모아 통일 독립을 이뤄낸 오스트리아, 일관된 화해 협력 정책으로 통일을 이룬 독일을 먼저 들여다본 뒤 우리의 통일 논의 과정을 짚어 봅니다.

5부에서는 통일을 위해 우리가 준비해야 할 점들을 다루고, 마지막 6부에서는 지금까지 살펴본 것을 토대로 통일 시나리오를 그려 보겠습니다.

한반도의 정세를 움직이는 것은 한국과 북한, 그리고 미국의 정치인들이지만, 한국의 정치인을 움직이는 것은 국민이자 유권자인 우리입니다. 특히 가까운 미래의 주인공인 10대들이 어떤 남북 관계가 바람직한지, 어떤 모습으로 통일이 되어야 하는 건지, 고민하고 토론하면서 생각을 가다듬는 것은 아주 중요하고 긴급한 일이 아닐까요? 공직선거법이 개정되어 이제 10대들도 참정권을 갖게 됐습니다. 내가 던진 표가 사회와 나라의 방향을 바꿀 수 있게 된 것입니다. 통일에 대한 생각은 권리를 제대로 행사하는 데에도 긴요할 것입니다. 이 책이 그 길잡이가 된다면 좋겠습니다.

2부

—

통일하면 이렇게 좋아요

언젠가 작은 나의 땅에 경계선이 사라지는 날

많은 사람의 마음속엔 희망들을 가득 담겠지

난 지금 평화와 사랑을 바래요.

(중략)

저 하늘로 자유롭게 저 새들과 함께 날고 싶어

우리들이 항상 바라는 것 서로가 웃고 돕고 사는 것

이젠 함께 하나를 보며 나가요.

-서태지와 아이들, 「발해를 꿈꾸며」, 1994

"우리는 5,000년을 함께 살았고 70여 년을 헤어져 살았습니다. 오늘 이 자리에서 지난 70년 적대를 완전히 청산하고 다시 하나가 되기 위한 평화의 큰 걸음을 내딛자고 제안합니다."

문재인 대통령이 2018년 9월 평양 능라도의 5·1경기장에 모인 15만 평양 시민에게 한 연설입니다. 평화를 가꿔 70년의 분단과 대립을 청산하고 통일하자는 그의 말에 가슴 뭉클해한 이들이 많았습니다.

통일이 우리의 소원임을 아무도 의심하지 않은 시절이 있었습니다. 수천 년간 함께해 온 우리가 분단된 삶을 살아간다는 현실을 받아들일 수 없었기 때문입니다. 1970~80년대 학생이었던 세대는 북한을 증오하면서도 '우리의 소원은 통일'을 부르곤 했습니다.

우리 헌법에도 "대한민국은 통일을 지향하며, 자유민주적 기본 질서에 입각한 평화적 통일 정책을 수립하고 이를 추진한다."(제4조)고 되어 있습니다. 헌법 제66조 3항은 대통령에 대해 "조국의 평화적 통일을 위한 성실한 의무를 진다."라고 규정했습니다. 대통령이 되면 해야 하는 취임 선서(헌법 제69조)에도 '조국의 평화적 통일'을 위한 노력이 들어갑니다. 통일은 헌법에 정해져 있는 큰 과제인 것입니다.

통일은 우리에게 '과제'이기도 하지만 '이익'이 되는 좋은 일이기도 합니다. 통일이 구체적으로 어떻게 좋은 건지 차근차근 생각해 볼 필요가 있습니다.

---

1. 분단에 따른 비용이 사라진다

국방비를 줄일 수 있다

"현대식 중폭격기 1대의 비용은 30개 이상 도시에 현대식 벽돌 건물로 학교를 세우는 비용과 맞먹습니다. 이 돈이면 6만 명 도시에 충분한 전력을 공급할 수 있는 발전소를 2기나 지을 수 있습니다. 이 돈이면 완벽한 실비를 갖춘 병원을 2개나 지을 수 있고 콘크리트 고속도로를 50마일이나 닦을 수 있습니다. 우리는 구축함 한 척을 위해 8,000명 이상이 살 수 있는 새 주택에 해당하는 값을 치르고 있습니다."

아이젠하워(미국 대통령), 1953년 4월

분단으로 치러야 하는 대가를 '분단 비용'이라고 합니다. 우리는 대부분 통일을 위해 져야 할 부담을 떠올리지만, 당장 우리 삶에 영향을 미치는 것은 막대한 분단 비용입니다. 우선 국방 예산을 볼까요? 2019년 국방 예산은 46조 7,000억 원으로 나라 전체 예산의 10퍼센트에 가깝고, 북한 군사비의 10배가량 됩니다.

요즘 군비 증강에 열을 올려 눈총받는 일본도 방위비 예산은 국가 예산의 5.3퍼센트(2018년 기준)입니다. 우리 국민이 일본보다 두 배 가까운 군사비 부담을 지고 있는 셈이죠.

　우리나라 방위비는 1990년대 초반만 해도 일본의 3분의 1 정도였지만 2019년에는 일본의 85퍼센트로 늘어났습니다. 이런 추세라면 2022년이나 2023년에는 방위비 총액이 일본을 넘어설 수도 있습니다. 방위비가 늘어나는 게 반가운 일일까요? 그렇지 않습니다. 복지나 교육, 환경 등 삶의 질을 높이는 데 쓰일 소중한 돈이 무기 구입에 들어가기 때문입니다.

　정부는 국내 총생산(GDP)의 2.6퍼센트인 국방비를 2.9퍼센트로 늘릴 계획입니다. 그런데 남북 관계가 개선되고 평화가 정착되면 국방비는 오히려 줄여야 하지 않나요? 정욱식 평화네트워크 대표는 정부가 국방비를 앞으로 10년간 GDP 대비 2.0퍼센트로만 낮춘다면 200조 원을 아낄 수 있다고 합니다. 5년간 2019년 수준으로만 동결해도 55조 원이 절약됩니다. 이 돈을 우리 삶의 질을 높이는 데 쓸 수 있습니다. 평화 운동가들은 이를 '평화 배당금'이라고 합니다. 평화가 돈이 되는 셈이죠. 앞에서 아이젠하워 미국 대통령의 1953년 연설을 소개했지만, 전투기와 구축함을 만드는 비용으로 엄청나게 많은 일을 할 수 있습니다.

　남북 간에 평화가 확고하게 정착되면 더 많은 국방 예산을 '평화 배당금'으로 돌릴 수 있습니다. 이는 독일의 경우를 보면 확연합니다. 통일 전 독일은 북대서양조약기구(NATO) 회원국 중에서 유일하게 베를린 주둔 연합군 지원 비용(점령 비용)을 비롯해 독일에 주둔하는 미군 비용을 별도로 부담했습니다. 하지만 통일된 1994년 이후 베를린 점령 비용과 주독 미군 주둔 비용을 지불하지 않게 되었습니다.

징병제 대신 모병제

분단 비용은 물질 면에 국한되지 않습니다. 조금 더 깊이 들어가 볼까요? 대기업-중소기업 간 격차가 심각하고, 재벌과 권력의 유착 관계가 여전히 끊어지지 않는 등 우리 경제가 뒤틀린 것도 분단과 관련이 있습니다. 이를 잘 정리한 글을 소개합니다.

> 남북한의 분단 시점에는 북한은 공업, 남한은 농업으로 특화되어 유기적 경제 구조를 갖고 있었다. 분단이 되자 남한은 북한에게 경제력에서 뒤질 수밖에 없었고, 이를 극복하기 위해 빠른 공업화와 경제 성장을 추구하게 되었다. 그러다 보니 일부 기업들에게 특혜를 주어 경쟁자들을 제치고 재벌로 성장할 수 있게 하는 불균형 발전이 이뤄졌다. (중략) 빠른 발전은 급속한 땅값 상승을 가져왔고, 이는 일부 계층에게 불로소득을 안겨 주었다. (중략) 이렇게 성장해 온 재벌과 기득권층은 (중략) 아주 작은 민생 개혁에도 색깔론을 앞세운 거부감을 표출하며 '그들만의 공화국'을 구가하고 있는 것이다.

분단되지 않았다면 균형 발전이 이뤄졌을 테고 재벌 집중 경제, 주택난 등 우리가 안고 있는 여러 문제가 이처럼 심각해지지는 않았을 것이라는 시각입니다. 일리가 있는 지적입니다.

남북 사이에 충돌이 발생하면 값을 매길 수 없는 고귀한 인명이 희생됩니다. 한국전쟁 3년간 남북 합해 250만여 명이 사망·실종되었고, 이후에도 크고 작은 무력 충돌로 적지 않은 이들이 죽었습니다. 군인이 비무장 지대에서 지뢰를 밟거나 총기를 잘못 다뤄 숨지는 사고도 적지 않았습니다.

사정이 이렇다 보니 자녀를 군대에 보낸 부모들은 서해 북방 한계선(NLL)과 휴전선에서 긴장이 커지면 걱정으로 잠을 이루지 못합니다. 당사자들이 겪는 고생은 두말할 것 없습니다. '병역은 국민의 신성한 의무'라곤 하지만 빛나는 청춘을 군에서 2년 가까이 보내야 하는 것을 달갑게 여기는 이들은 많지 않을 것입니다.

그래서 예전엔 권력층 자녀들이 군복무를 하지 않는 병역 비리가 만연했습니다. 군 입대를 면제받으면 '신의 아들', 집에서 출퇴근하는 방위병(공익 근무)은 '사람의 아들', 현역으로 입대하면 '어둠의 자식들'이란 말이 있을 정도였습니다.

혈기 왕성한 청년들이 좁은 내무반에 모여 있다 보니 구타 사고가 많았고, 죽기까지 하는 일도 심심치 않았습니다. 1980년에서 1995년 5월까지 15년 5개월간 군복무 중 사망한 장병은 8,951명에 달합니다. 전쟁도 없었는데 해마다 577명이 죽은 것입니다. 민주화가 진전된 지금은 병영 생활이 많이 나아졌다고 하지만 2018년 군에서 사망한 장병은 86명이고, 이 중 '극단적 선택', 즉 스스로 목숨을 끊은 장병이 56명에 달합니다. 선임 병사에게 35일간 구타와 가혹 행위를 당해 숨진 '윤 일병 사건'이 그리 오래되지 않은 2014년의 일입니다. 세간에 큰 충격을 주었죠.

사망 원인이 명확히 밝혀지지 않는 '군 의문사'도 적지 않습니다. 1984년 4월 2일 강원도 화천의 일반 전초(General Outpost, GOP) 소대 폐유 창고 뒤에서 허원근 일병이 가슴에 2발, 머리에 1발의 총을 맞고 숨진 채 발견되었습니다. 군은 허 일병이 M16 소총으로 오른쪽 가슴과 왼쪽 가슴을 쏜 뒤 마지막으로 오른쪽 눈썹에 대고 1발을 쏴 자살했다는 믿기 어려운 조사 결과를 발표했습니다. 이 사건은 발생한 지 18년이나 지난 2002년 의문사진상규명위원회가 재조사를 벌여, 상관이 총을 쏴서 허 일병을 살해했다고 결론지었고, 법원도 2010년 타살을 인정했습니다. 하지만 항소심에서 다시 자살로 뒤집혔고, 대법원도 2015년 사인을 '알 수 없다'고 최종 판결했습니다. 허 일병의 사망원인은 아직도 규명되지 않았습니다. 학업이나 직장 근무를 중단하고 의무적으로 군복무를 해야 하는 사정도 그대로입니다.

하지만 통일이 된다면 크게 달라질 것입니다. 군대 자체가 완전히 없어지지는 않겠지만, 규모가 대폭 줄어들면서 누구나 군대를 가야 하는 징병제 대신 직업 군인들을 채용하는 모병제로 바뀔 가능성이 큽니다. 통일독일의 인구는 남북한을 합한 인구보다 많은 8,279만 명이지만 군은 17만 명 정도에 불과합니다. 직업 군인제가 도입되면 청년들의 일자리도 늘어날 것입니다.

이산의 고통이 줄어든다

> 어느 이산가족의 가정이 그렇지 않으랴마는, 나의 집도 해마다 추석의 밤은 침묵과 괴로움의 밤이었다. 밤하늘이 구름 없이 맑고, 중추의 달이 거울보다도 환히 비치면, 아버지와 어머니는 마당에 나앉아서 몇 시간을 두고 하염없이 달만 바라보는 것이었다. 더 참을 수가 없게 되면 누가 먼저랄 것도 없이 힘없이 일어나 눈물을 닦으면서 방으로 들어가, 이불을 머리 위까지 덮어쓰고 흐느껴 울었다. 아버지의 울음은 이불 속에서 오열을 억제하려고 신음소리로 변하고, 어머니의 이불은 울음과 함께 몸부림치는 노인의 몸을 싸고 오랫동안 흔들림을 멈추지 않았다.
>
> —리영희, 『반세기의 신화』

분단으로 북쪽 땅에는 형님과 작은 누님, 남쪽 땅에는 부모님과 큰누님, 동생이 각각 갈라져 살게 된 리영희 전 한양대학교 명예 교수(2010

년 작고)는 추석 명절마다 겪었던 고통을 이렇게 회고했습니다.

무형의 분단 비용에는 이런 '이산(離散)의 비극'도 포함될 것입니다. 영화 「국제시장」을 보면 주인공 덕수가 흥남에서 여동생 막순이를 업고 미군 군함에 오르다 그만 놓쳐 버리고 맙니다. 여동생은 미군에 구조된 뒤 미국으로 입양됩니다. 덕수는 30여 년 뒤 이산가족 찾기 방송을 통해 미국에 사는 여동생과 극적으로 재회하지만, 동생을 찾으러 배에서 내린 아버지와는 영영 만나지 못합니다. 여기서 이산가족 찾기 방송이란 1983년 한국방송공사(KBS)가 주관한 사업인데, 북한이 아니라 국내 또는 다른 나라에 있으면서 만나지 못한 가족과 만나는 행사였습니다. 인터넷과 소셜 미디어가 발달한 지금 생각하면 '그럴 수가 있을까?' 싶겠지만, 그때만 해도 남한 땅에 있으면서도 생사조차 모르고 살아간 가족이 부지기수였습니다.

오, 오마니
사무지로 수지있으시는 할아버지
할아버지는 달래도 듣지 않을
철부지 아이가 되셨다.
오십 년 전 어린아이가 되셨다.

고광헌(시인), 「남북 이산가족 만남」

남북으로 갈라져 만날 수 없는 가족을 그리다 세상을 떠난 수백만 실향민을 생각하면 가슴이 미어집니다. 지금은 금강산 면회소에서 제한된 인원만 만날 수 있고 그것도 아주 가끔만 상봉이 이뤄져 기약 없지만, 남북 관계가 더 좋아지고 통일이 되면 고향을 방문해 자유롭게 만날 수 있을 것입니다.

1991년 일본 지바에서 열린 세계탁구선수권대회에서 남북 단일팀이 세계 최강 중국을 꺾고 정상에 올랐습니다. 남북 선수들은 46일간 합숙 훈련을 하면서 정이 흠뻑 들었습니다. 이 실화를 소재로 2012년 영화 「코리아」가 개봉되기도 했습니다.

그런데 영화의 실제 주인공인 우리의 현정화 선수와 북한의 리분희 선수는 2년 뒤인 1993년 세계선수권대회에서 잠깐 재회한 뒤 26년 동안 만날 수 없었습니다. 현정화 선수는 함께 복식조를 이뤄 중국과 결승전을 펼친 리분희 선수를 지금도 잊지 못합니다. 영화 「코리아」에서 현정화(하지원 분)는 먼저 떠나기 위해 버스에 오른 리분희(배두나 분)에게 금반지를 끼워 주면서 울먹입니다.

"난 뭐라고 인사해야 해? '연락할게'도 안 되고, '편지할게'도 안 되고. 난, 어떻게 해야 해⋯⋯."

이 장면에서 많은 관객이 눈물을 쏟은 것은 다시 만날 기약 없이 헤어져야 하는 현실에 공감했기 때문입니다. 2018년 2월 평창 동계 올림픽 때 단일팀이 구성된 여자 아이스하키의 남북한 선수들도 헤어지면서 눈물을 펑펑 쏟았습니다. 언제든 보고 싶으면 달려가 만날 수 있는 상황이 아니기 때문에 말 그대로 '기약 없는 이별'을 해야 했습니다. 남북 관계가 좋을 때 북한 사람들과 만나 며칠 동안 함께하며 정을 나누지만 언제 다시 만날지 모른다는 아쉬움과 안타까움에 헤어질 때 착잡한 기분이었다는 이들이 적지 않습니다. 이 역시 넓은 의미에서 이산의 아픔 아닐까요?

지금까지 북한을 떠나 한국에 온 탈북인이 3만 명에 달합니다. 먼저 한국에 정착한 뒤 가족을 불러들이는 이들도 있지만 여전히 북한에 가족을 둔 채 외롭게 살아가는 '광의의 이산가족'도 적지 않습니다. 통일 된다면 이들도 고향에 찾아갈 수 있겠죠.

정치가 분단을 악용하는 일이 사라진다

분단은 정치적으로도 치러야 할 '비용'이 적지 않았습니다. 선거에서 시민의 뜻과 다른 결과가 나오거나 정치권력이 남북 대결을 악용하는 일도 있었습니다. 1996년 4월 한국의 총선거를 20여 일 앞두고 북한이 무장한 인민군을 판문점에 진입시켰습니다. 북한의 판문점 무장 시위 는 1994년부터 해마다 되풀이되었지만 선거를 앞두고 언론들이 이를 대대적으로 보도하면서 시민들의 불안감이 한층 커졌습니다. 그 결과 당시 여당인 신한국당이 예상을 뒤엎고 선거에서 승리를 거둡니다. 이처럼 선거 때마다 등장해 민심과 다른 선거 결과를 만들어 내는 북한 변수를 '북풍'이라고 합니다.

1997년에는 대통령 선거 직전에 청와대 직원들이 중국 베이징에서 북한 인사들과 몰래 접촉하는 '총풍 사건'이 일어납니다. 북한군이 휴전선 인근에서 총을 쏘며 무력시위를 해달라고 부탁한 것입니다. 이 사건은 2018년 개봉된 영화 「공작」의 모티브가 되기도 했습니다.

'북풍'이나 '총풍'은 선거 때마다 등장해 보수 세력의 승리에 기여합니다. 북한 관련 사건이 국민들의 안보 불안 심리를 자극하기 때문입니다.

박정희 대통령은 장기 독재 체제를 만들기 위해 1972년 10월 비상 계엄령을 발동하고 유신 체제를 출범시켰습니다. 이때 내세운 명분 중 하나가 통일 시대에 대비한다는 것이었습니다. 박정희는 유신 체제 특별 선언을 발표하면서 '통일'이라는 단어를 열여덟 번이나 씁니다. 하지만 유신 시절 남북 대화는 완전히 끊겼습니다. 이렇듯 분단은 한국 사회의 민주주의 발전을 가로막는 데 악용되어 왔습니다.

그런데 좀 더 심각하고 본질적인 '분단 비용'을 생각해 볼 필요가 있습니다. 한국 사회가 치러야 했던 가장 큰 분단 비용은 정의보다 불의, 기회주의가 더 득세한 지난 역사 아닐까요?

분단은 형제간의 증오와 대결을 부추겨 오면서 민족 전체의 정신적 불구화를 초래했다. 형제간의 증오에 편승해 친일 세력이 등장할 수 있는 밑받침 역할을 했다. 특히 친일 세력의 경우, 반공을 기치로 소생하여 절개와 주권이라는 도덕적 대의명분을 중시하는 우리 민족 고유의 정의 관념을 파괴하고 자신의 이기적 이해를 충족시키기 위해서는 얼

목숨을 걸고 독립운동을 했던 이들이 분단으로 건국에 참여할 기회를 빼앗긴 반면 친일 세력이 반공 투사로 변신한 뒤 떵떵거리며 살아가는 '정의롭지 못한 상태'는 한국 사회에 두고두고 나쁜 영향을 미치게 됩니다. 옳은 일보다는 세태를 잘 읽고 권력의 구미에 맞는 일을 해야 평가받고 출세하는 사회가 된 것입니다.

통일된다고 해서 이런 유무형의 분단 비용이 하루아침에 눈 녹듯 사라지지는 않을 것입니다. 어떤 방식으로 통일되느냐에 따라 무척 더디게 진행될 수도 있겠죠. 하지만 통일은 이런 비용들을 더는 치르지 않도록 하는 강력한 토대임이 확실합니다.

2. 경제에도 이익이 된다

새로운 경제 활로가 열린다

2. 남과 북은 상호호혜와 공리공영의 바탕 위에서 교류와 협력을 더욱 증대시키고, 민족 경제를 균형적으로 발전시키기 위한 실질적인 대책들을 강구해 나가기로 하였다.

① 남과 북은 금년 내 동, 서해선 철도 및 도로 연결을 위한 착공식을 갖기로 하였다.

② 남과 북은 조건이 마련되는 데 따라 개성 공단과 금강산 관광 사업을 우선 정상화하고, 서해경제공동특구 및 동해관광공동특구를 조성하는 문제를 협의해 나가기로 하였다.

'9월 평양공동선언', 2018년 9월 19일

통일이 경제적으로도 매우 큰 이익이 될 거라는 예상은 누구나 어렴풋이 할 것입니다. 이를 좀 더 구체적으로 살펴보겠습니다.

먼저 남북의 철도 연결을 생각해 볼까요? 경의선과 동해선 두 축을 연결해 남쪽에서 북한을 거쳐 중국과 러시아를 잇는 육상 교통망이 완성되면 중국의 동북3성(랴오닝성·지린성·헤이룽장성)과 블라디보스토크 등 러시아 극동 지역, 몽골 지역까지 아우르는 북방 경제권에 진출할 수 있습니다. 북방 권역은 인구가 1억 2,000만 명에 달하는 소비 시장이자 천연가스 등 자원도 풍부한 곳입니다.

한국, 중국, 일본, 러시아가 인접한 이 지역의 경제 잠재력은 예전부터 주목받아 왔습니다. 러시아가 추진 중인 나진(북한)-하산(러시아) 프로젝트, 중국의 동북3성 개발 계획, 유엔개발계획(UNDP)의 광역두만강개발계획(GTI)이 모두 이를 염두에 둔 것입니다.

북한 핵 문제가 해결되어 경제 협력의 장애물이 사라지면 이 지역은 지구촌 경제에서 새로운 경제 권역으로 떠오를 것입니다. 지정학적 위험이 큰 한반도가 새로운 경제의 핵심 축으로 탈바꿈하는 것입니다.

개성 공단 같은 남북 경제 협력 사업도 본격화할 것입니다. 중국과 가장 가까운 항구 도시인 황해남도 해주와 개성 공단, 국제공항이 있는 인천을 연계하는 삼각 지대가 새로운 경제 특구로 등장할 수도 있습니다. 현재 100만 평(약 330만 5,785m²) 규모의 1단계 사업만 완료된 개성 공단을 계획대로 2,000만 평(약 6,611만 5,702m²) 규모까지 늘리면 근로자 50만 명이 일하는 대규모 산업 단지로 성장하게 됩니다.

동독에 가로막혀 있던 폴란드, 체코 등 동유럽 국가들이 통일된 독일과 국경을 맞대게 되면서 유럽 경제의 전체 규모가 커지고 독일의 영향력도 확대되었습니다. 전문가들은 통일된 남북이 독일처럼 주변 지역과 동반해 발전할 가능성이 크다고 봅니다.

> "조만간 한국은 가장 흥미로운 국가가 될 것입니다. 앞으로 10~20년 동안 그럴 것입니다. 지금의 북한은 1981년의 중국 모습과 같습니다. 북한은 1980년대 덩샤오핑 주석이 한 것과 같은 길을 가고 있습니다. 북한은 변화할 준비가 되어 있습니다."
>
> - 짐 로저스, KBS 「오늘밤 김제동」, 2019년 1월 23일

세계적인 투자가 짐 로저스는 몇 년 전부터 북한의 잠재력을 높이 평가하면서 "북한에 내 전 재산을 투자하고 싶다."라고 했습니다. 짐 로저스는 하노이 2차 북미정상회담이 합의 없이 결렬된 뒤에도 "앞으로

10년, 20년간 한반도는 전 세계에서 가장 흥미진진한 곳이 될 것이다."
라고 했습니다.

남북 경제 협력의 새로운 장이 열리면

북한은 광물 자원 매장량을 보면 금 세계 7위, 철광석 세계 10위, 아연
세계 5위, 중석 세계 4위로 자원 부국입니다. 광물자원공사에서는 북
한에 매장된 주요 광물 자원의 가치를 4,170조 원가량으로 추정하는
데, 이는 한국의 15배에 달합니다. 반면 우리는 세계 5위의 광물 수입
국입니다. 철, 아연, 마그네사이트, 희토류 등 주요 산업에 쓰이는 광물
을 거의 전량 수입해야 합니다. 남북 경제 협력을 본격화하면 멀리 국
외로 갈 것 없이 북한에서 들여오면 서로 이익이 됩니다. 배로 수십 일
간 대양을 건너 들여와야 하는 광물들을 북한에서 화물 열차에 싣고
내려오면 값비싼 물류비를 절약하고 시간도 크게 단축할 수 있습니다.
이것만으로도 남북 교통망 연결의 효과를 톡톡히 볼 수 있습니다.
　북한의 자원을 이야기하다 보면 이명박 정부 '자원 외교'의 씁쓸한
기억이 떠오릅니다. 이명박 정부는 경제 성장을 하려면 자원 확보가
필요하다며 남미, 아프리카로 자원 외교에 나섰지만 성과는 거의 없이
수십조 원을 허비하고 말았습니다. 당시 포스코는 철광석을 수입하기
위해 남미까지 찾아다녔습니다. 북의 무산 철광을 공동 개발해 원산항
을 거쳐 포항으로 들여온다면 엄청난 물류 비용을 아낄 수 있습니다.

그런데 대북 적대 정책을 펼친 이명박 정부는 휴전선 너머의 자원 부국 북한과 협력하는 길을 군이 외면했습니다. 당시에는 지금처럼 대북 경제 제재가 엄격하지 않아서 마음만 먹는다면 남북 경제 협력이 본격 궤도에 올랐을 테고 한반도 평화도 큰 걸음을 디뎠을 텐데, 참으로 안타깝습니다.

철도가 남북을 거쳐 시베리아 횡단 철도와 연결되기까지는 상당한 시간이 필요합니다. 낙후된 북한 철도를 보수하고 연결되지 않은 구간에 새로 철길을 깔려면 비용도 만만치 않습니다. 그래서 북한 경제 전문가들은 한국 정부의 부담을 줄이기 위해 남북이 주도하는 '북한개발은행'을 설립해 국제 투자를 유치하는 방안을 제시합니다. 투자 가치는 충분할 것입니다. 동아시아의 경제 강국인 한국과 육로로 연결되면 유럽 국가에도 이익이 되기 때문입니다. 유럽에서 한반도까지 물건을 실어 나르려면 배로는 40일이 걸리지만 철도로는 보름이면 충분합니다.

여기서 한 가지 주목해야 할 것은 일본의 대북 경제 협력 자금입니다. 2002년 일본 고이즈미 준이치로 총리가 북한을 방문해 김정일 국방위원장과 정상 회담을 하고 '평양선언'을 채택했습니다. 이 선언에는 두 나라가 국교를 정상화하는 과정에서 일본이 북한에 자금을 지원하는 방안이 담겨 있습니다. 이는 식민 지배에 대한 배상금 성격인데 그 규모가 100억~200억 달러로 예상됩니다. 북한 핵 문제가 해결되고 국제사회의 경제 제재가 풀리는 과정에서 이 자금은 북한의 경제 개발에 요긴하게 쓰일 것입니다.

통일되면 남북 과학 기술 협력도 시너지 효과를 거둘 수 있습니다. 남북 경제 협력이라면 북한의 자원과 노동력을 이용하는 데만 주목하지만 북한의 과학 기술 수준도 만만치 않습니다. 로켓 발사 기술이나 핵융합, 레이저 기술, 컴퓨터 수치 제어, 공작 기계 기술은 세계적 수준이고, 음성과 문자 인식, 다국어 번역 등에 인공 신경망 기술을 적용할 정도로 인공 지능 관련 기술도 발달했습니다. 첨단 산업 분야에서도 남북이 협력할 여지가 많은 것입니다. 이렇게 남북이 서로 이익을 주고받으며 협력을 심화하면 함께 번영하는 공동체로 나아갈 수 있습니다.

3. 사회를 더 넓고 풍요롭게 한다

대결과 공포의 군사 문화가 사라진다면

현대중공업은 박정희 정권의 유물인 군사 문화로 병영처럼 통제되고 있었다. 작업 배치 시간에 반장 앞에서 담배를 피운다고 정강이를 걷어차이고 이를 말리는 사람까지 따귀를 맞는 사건이 일어나고, 쉬는 시간에 고위 간부 차가 지나는데 담배를 끄지 않았다고 해서 해고 통보를 받은 경우도 있었다. 사무실 관리자들은 자기보다 나이가 많은 노동자들에게도 반말을 쓰는 게 예사였다. 노동자들은 한 시간 일찍 출근해 현장 청소를 하고 군대식 체조를 해야 했으며 점심시간에도 작업을 하는가 하면 화장실 가는 것도 일일이 기록되어 물도 마음대로 마실 수가 없었다. 가장 문제가 되는 것은 두발 검사였다. 무사히 정문을 통과한다 해도 현장의 조회 시간을 넘어갈 수는 없었다. 작업반장들은 아침마다 노동자들을 체조 대형으로 넓게 벌리게 해 놓고 가위를 들고 돌아다니며 두발 검사를 했다. 조금이라도 자기 눈에 거슬리면 여지없이 머리카락을 움푹움푹 잘라 놓았다.

— 안재성, 「1987년 노동자대투쟁-울산 현대중공업」

분단은 한반도에서 삶의 조건을 결정하는 중요한 요소가 되어 왔습니다. 우리 삶에 부정적 영향이 많았던 것은 두말할 필요도 없습니다.

1980년대까지 학생들은 반공 표어를 짓거나 포스터를 그렸고, 방위성금을 내야 했습니다. 시내 건물 곳곳에 '멸공 통일', '간첩 신고는 113' 같은 구호들이 붙어 있었습니다. 고등학생, 대학생은 학교에서 군사 훈련을 받았습니다. 남학생은 군복 비슷한 얼룩무늬 교련복 차림에 고무 모형총으로 총검술 훈련을 했고, 여학생도 부상자를 간호하는 훈련을 했습니다. 군 장교 출신 교관에게 기합을 받는 일도 적지 않았습니다.

체벌도 일상적이었습니다. 교사와 선도부원들이 교문 앞에서 등교하는 학생들의 두발과 복장을 검사합니다. 걸리면 기합을 받거나 몽둥이로 두들겨 맞는 일도 심심치 않았습니다. 2004년 개봉된 영화 「말죽거리 잔혹사」는 1980년대 고등학교의 폭력적 일상을 생생하게 묘사했습니다. 대학에 들어가서도 신입생들은 일주일 동안 군사학교에서 훈련을 받았고, 2학년이 되면 전방 군부대에 배치되어 군인들과 함께 경계근무를 서야 했습니다.

직장에도 군사 문화는 만연했습니다. 회사원인데도 머리가 길다고 강제로 잘리는 일이 다반사였습니다. 1987년 현대중공업 노동자들이 파업을 하면서 내건 요구 조건에 '두발 자유화'가 들어갈 정도였으니까요. 안재성 작가가 쓴 앞의 글을 보면 당시 분위기를 짐작할 수 있습니다.

이런 사회에서 다른 생각을 말하는 것은 일반 시민은 물론 국회의원들에게도 위험한 일이었습니다. 군인 출신인 전두환이 대통령이던 1986년 10월 14일, 대정부 질문에 나선 당시 야당인 신한민주당 유성환 의원이 "우리나라의 국시는 반공이 아닌 통일이어야 한다."라고 밝혔습니다. 이 한마디에 국회는 아수라장이 되었습니다. 이틀 뒤 국회는 유성환 의원 체포동의안을 날치기로 통과시켰고 다음 날 유 의원은 구속되었습니다. 국회의원이 회기 중 발언으로 구속된 최초 사례였습니다. 국회의원은 국민의 대표자이므로 의정 활동에 제약이 없어야 합니다. 이를 위해 국회에서 한 발언에는 책임을 지지 않도록 헌법에 규정되어 있는데도 '통일 국시' 논쟁이 벌어질 것을 우려한 정부와 공안 당국이 무리하게 구속해 버린 것입니다. 이런 무지막지한 일은 민주화가 진전되면서 줄어들었지만 아예 자취를 감춘 건 아닙니다.

박근혜 정부 때인 2014년 12월 19일 헌법재판소는 통합진보당에 대해 "북한식 사회주의를 실현하려는 숨은 목적을 가지고 내란을 논의하는 회합을 개최하는 활동을 한 것은 헌법상 민주적 기본 질서에 위배된다."라며 강제 해산하고 소속 국회의원 5명의 의원직을 박탈했습니다.

하지만 통합진보당 해산의 빌미가 된 '이석기 내란 음모 사건'은 재판 과정에서 내란 범죄를 실행하기 위한 회합이 없었다는 것이 확인되었습니다. 검찰의 공소장에도 북한과 연계를 뒷받침하는 증거는 없었습니다. 그럼에도 이석기 의원은 9년 징역형을 선고받았고, 통합진보당은 여전히 '종북'의 대명사로 불립니다. 민주주의 국가에서 정부와 사법부가 정당을 강제 해산하는 일이 일어날 수 있었던 것도 분단 현실과 무관하지 않습니다.

중도와 포용의 문화로

통일이 어떤 형태가 될지 예상하기는 어렵지만 남북의 적대가 해소되고 평화 체제가 정착되면 북에 대한 편견이나 적대감이 조금씩 해소될 것입니다.

이렇게 되면 우선 언어 사용부터 달라질 것입니다. 북한이 쓴다는 이유로 쓰지 못했던 '인민', '동무', '조선' 같은 말도 개의치 않고 쓰게 되겠죠. 북한말 중에서 기발하고 예쁜 순우리말도 널리 쓰이게 될 것입니다. '빨갱이', '종북' 같은 혐오 표현도 줄어들 것입니다. 통일된다고 해도 북한을 적대시하는 세력이 당장 사라지지는 않을 테니 혐오 표현은 여전히 남아 있을 겁니다. 하지만 적대감의 근원이 해소된 만큼 생명력은 그리 길지 않을 것입니다.

말의 힘은 생각 외로 큽니다. 거친 말을 덜 사용하게 된다면 자신과 의견이 다른 이들을 윽박지르고 몰아붙이는 풍조 역시 줄어들 것입니다.

> "세상엔 두 종류의 인간이 있어. 빨갱이 그리고 빨갱이들의 적. 여기 '중립'이 설 자린 없어. 선택이 있을 뿐이지."
>
> 영화 「공동경비구역 JSA」

영화 「공동경비구역 JSA」에서 한국군 장성이 중립국 감독위원회에서 파견한 스위스 국적 수사관 소피 장 소령에게 한 말입니다. 말 그대로 분단 현실에서 중립이나 중도는 설 자리가 좁은 것이 사실입니다.

통일되면 중도적이고 포용적인 태도를 지닌 사람들이 설 자리가 넓어질 것입니다. 극단에 치우친 사람들보다 중도파들이 많아지면 사회도 삐죽거리지 않고 부드러워질 것입니다. 어려운 정치·사회적 문제를 결정하기도 지금보다는 쉬워질 것입니다. 토론이 극단으로 흐르지 않고, 양보하고 타협하는 문화도 생겨날 것입니다. 고정 관념이나 특정한 이념에 치우치지 않고 '실사구시'의 합리성을 갖게 된다면 소모적 정쟁도 줄어들게 되겠죠.

일제 강점에서 해방된 이후 한국전쟁까지 5년간 좌우의 극심한 대립상이 지나치게 부각되면서 중도 세력이 많지 않은 것으로 오해되곤 하지만 실제로는 중도 세력이 다수였고, 민중의 지지도 압도적이었다고 합니다. 한림대학교 교수 장세진은 『숨겨진 미래』에서 당시 중간파를 상세히 분석했는데, 특히 중도 계열 신문사들의 영향력이 상당했다고 합니다. 그 신문 구독자들이 대체로 중도 계열이라고 볼 수 있습니다.

> 해방기에는 '중간파'의 목소리를 실을 수 있는 매체들이 적잖이 존재 했으며 대중적인 영향력을 발휘했다는 사실을 빼놓을 수 없다. 「서울 신문」과 「자유신문」, 「경향신문」 등의 일간지와 「새한민보」와 같은 순 보들이 대표적이다. (중략) 이 신문들은 "좌우익 계열의 신문들보다 많 은 부수를 확보하고 있었고, 좌우 합작이나 남북 협상을 지지하는" 경 향 역시 두드러졌다.
>
> — 장세진, 『숨겨진 미래』

　좌익과 우익이 서로 극단적인 언동을 하면서 정국을 요동치게 한 당 시 상황에서 중간파들의 주장은 '강한 목소리'에 묻혀 버리기 십상이 었습니다. 하지만 이런 중간파들은 남북 분단이 돌이키기 어려워진 1948년 4월, 김구와 김규식이 중심이 된 남북 협상을 지지하는 '문화 인 108인 성명서'를 낼 정도로 통일 독립을 추구했습니다. 바닥 민심도 중간파에 쏠려 있었습니다. 이를 뒷받침하는 사례가 있습니다. 한국전 쟁 직전인 1950년 5월 30일 2대 국회의원 선거에서 대표적인 남북 협 상파 정치인 조소앙이 전국 최다 득표로 당선되었고, 원세훈·장건상·

여운홍·안재홍 등 남북 협상에 참가했거나 좌우 합작 운동 경력이 있는 인사들이 대거 당선되었습니다. 남에서 이승만 정부, 북에서 김일성 정권이 수립된 지 2년 가까이 지난 시점에 이뤄진 선거 결과라는 점에서 본다면 중간파에 대한 민중의 지지가 얼마나 두터웠는지 알 수 있습니다.

> 선거 이전부터 '중간파'의 흥행이 어느 정도 예측되었던 까닭에 이승만은 선거 전 지방을 순회하면서 "공산당의 국회 침투를 막기 위해" '중간파'에게 투표하지 말 것을 당부하는 연설을 수차례 반복할 정도였다. 우파의 '빨갱이' 전략이 또다시 맹렬하게 작동한 것이었다. (중략) 그러나 선거 후 한 달도 되지 않아 발발한 한국전쟁은 '중간파'의 정치적 재기를 다시 수면 아래 깊숙이 묻어버리는 계기가 된다.
>
> 장세진, 『숨겨진 미래』

이런 중간파를 대표하는 인물이 몽양 여운형 선생입니다. 일생을 독립운동에 바친 여운형은 해방 이후 신변의 위험을 무릅쓰고 남북을 다섯 차례나 오가면서 남북 통일 독립을 위해 분투했습니다. 1945년 11월 한 단체가 조사해 발표한 '조선을 이끌어 갈 지도자'와 '일제 시기 최고 혁명가'를 묻는 설문에서 여운형은 각각 33퍼센트, 20퍼센트로 최고 득표를 할 정도로 국민의 폭넓은 지지를 받기도 했습니다. 그는 좌파에게서 사회주의라는 비판을 받기도 했지만 실제로는 국제주의에

1945년 8월 16일 서울 YMCA 강당에서 열린 건국준비위원회 발족식에서 연설하는 여운형.

입각한 중도주의와 좌우 합작을 지향했습니다.

"독립을 완성하려면 땅의 남북과 사상의 좌우를 가릴 필요가 어디 있는가? 과거의 지하 운동 시대를 생각해 보자. 어둠컴컴한 감방에서 더듬더듬 걷다가 탁 부딪힌 후에 '너는 누구냐?'고 묻고 보면 "나는 공산주의자다." "나는 민주주의자다." 말하며 껴안고 어쩔 줄을 모르던 혁명 투사들 간에는 민주주의자도 공산주의자도 없었던 것이 아닌가?"

- 여운형, '조선인민당 창당 연설', 1945년 11월

그는 한반도에 크나큰 영향을 미치는 미·소의 대립 상황을 깊이 성찰했고, 중도 노선이 분단을 막고 독립을 이루는 유일한 길이라고 생각했습니다.

> "우리 한국은 현재 두 외국 손님(미국과 소련)이 안방과 사랑방을 차지하고 있다. 그들은 두말할 필요 없이 우리의 해방자요 요인이다. 고마운 두 손님을 잘 모시다가 하루바삐 모셔 보내고 우리 손으로 우리 살림을 꾸려 나가야 한다."
>
> 이기형, 『여운형 평전』

여운형과 김규식, 안재홍 등 중도파는 좌우합작위원회를 꾸려 분단을 막는 데 노력했지만 역부족이었습니다. 여운형은 열 차례 테러를 당한 끝에 1947년 7월 19일 단독 정부를 추진하는 세력에게 암살당했고, 김규식은 한국전쟁 때 납북되는 등 수난을 겪으며 몰락했습니다. 여운형이 테러에 스러진 뒤 치러진 장례식에서 당시 미군정청에서 근무했던 레너드 버치(Leonard Bertsch) 중위가 읽은 조사에는 민족 지도자 여운형에 대한 최고의 존경심과 애통함이 배어 있습니다.

> "돌아가신 위대한 선생님에 대하여 나는 조선말로 한마디 하겠습니다.

그는 영원히 침묵의 나라로 돌아갔습니다. 그러나 그의 친구와 나는 항상 선생으로부터 감화받은 교훈을 잊지 못하겠습니다. 자유와 평화를 원하는 조선 사람들은 울고 있지만, 여운형 선생의 정신을 기억하겠습니다. 여운형 선생은 돌아가신 사람이 아닙니다. 영원히 죽지 않을 인물입니다. 우리 이제 남아 있는 사람에게 큰 교훈을 준 사람입니다."

"박태균의 버치 보고서", 「경향신문」, 2018년 4월 2일

또 다른 미군정 관리이자 『주한미군사』의 저자인 리처드 로빈슨 역시 『미국의 배반』 맨 앞 장에서 여운형에게 최고 존경심을 표했습니다.

"추모: 1947년 7월 19일 한국의 서울에서 암살된 여운형의 영전에 이 책을 바친다. 그는 미국의 분별없는 외교 정책의 비극적인 희생자이다. 인민의 대의를 옹호하던 위대한 진보적 민주주의자인 그는 좌익과 우익의 전체주의와 기회주의에 대항하여 싸웠다. 그리고 바로 그 때문에 죽게 된 것이다."

"박태균의 버치 보고서", 「경향신문」, 2018년 4월 2일

영화 「암살」에도 등장하는 의열단 지도자 약산 김원봉(1898~1958)을 독립운동가로 서훈하는 것을 두고 논란이 벌어진 일이 있습니다. 김원봉은 1919년 의열단을 결성해 활동했고, 1938년 조선의용대장, 1942년 광복군 부사령관, 1944년 임시정부 군무부장(국방장관)과 국무

위원을 지냈습니다. 일제는 김원봉을 잡기 위해 백범 김구에게 건 현상금의 거의 두 배인 100만 원을 현상금으로 걸었습니다. 100만 원이면 현재 가치로 무려 320억 원입니다. 그를 빼고 독립운동사를 쓰기가 불가능할 정도지만 해방 후 월북해 북한 정권에 참여했다는 이유로 한국에서는 평가받지 못했습니다.

해방된 뒤 귀국한 김원봉은 좌익 단체인 민족주의민족전선에서 활동하면서 여운형과 좌우 합작 운동을 추진했으나 실패하자 1948년 김구와 함께 남북연석회의에 참석하기 위해 북으로 간 뒤 돌아오지 않았습니다. 그가 월북한 주된 동기 중 하나가 악질 친일 경찰 노덕술에게 붙잡혀 수모를 당했기 때문이라고 합니다. 일제 강점기에 독립투사 3명을 고문해 숨지게 한 악질 경찰 노덕술이 해방된 뒤에도 여전히 독립투사들을 탄압하는 현실에 절망한 것입니다.

이 시기 중도 세력이 정국을 주도해 나갔더라면 상황은 달라졌을지 모릅니다. 제2차 세계 대전 때 독일에 가담했다가 패전한 오스트리아는 4개국 연합군의 분할 점령 아래에서도 정치 세력이 정파와 이념을 떠나 서로 연대하며 통합에 힘써 분단을 막고 통일 독립을 이루었습니다. 오스트리아에 대해서는 4부에서 구체적으로 살펴보겠습니다.

한국 사회에서는 남북 관계가 진전될수록 남남 갈등이 심해집니다. 이런 현실을 본다면 통일에 이르는 과정에서 불거질 숱한 갈등을 어떻게 조정하고 타협해 나갈지 걱정입니다.

4. 새로운 생각과 문화가 꽃핀다

서로 다른 문화가 만날 때 새로움이 싹튼다

> "함께 모여 뭔가를 해 본 기억이 갈수록 사라지는 남쪽과, 혼자서는 뭔가
> 를 해 본 경험이 없는 북쪽이 앞으로는 서로를 배울 필요가 있습니다."
>
> 문명자(재미 언론인) · 안영민, 『행복한 통일이야기』

서로 다른 체제에서 70년 이상 따로 살아온 남북이 문을 열고 교류하면 상대방의 장단점을 알게 되고 받아들일 것은 받아들이며 닮아 가게 될 것입니다. 그간에는 부정적인 모습만 부각되었지만, 북한 사회에도 눈여겨볼 면들이 있습니다.

북한 사회를 이끌어 온 가장 큰 특징이라면 집단주의일 것입니다. 사회 전체를 '대가정'으로 여기는 그들에게는 이웃이나 직장 동료, 전체 사회 구성원을 가족처럼 여기는 공동체 의식이 뿌리 깊습니다. 이런 공동체 의식은 '하나는 전체를 위하여 전체는 하나를 위하여'라는 구호를 봐도 알 수 있습니다. 북한이 국제 사회의 경제 제재나 식량난 등의 어려움을 극복하는 데는 이런 공동체성이 큰 힘이 되었을 것입니다. 탈북인 홍강철은 북한의 식량난 때 우리의 통장격인 인민반장이 각 가정을 돌아다니며 식량 사정을 살피고 "○○네 집에 먹을 게 없으니 쌀을 조금씩 걷자."며 식량을 모아 어려운 집을 도왔다고 합니다. 인

민반이 없었다면 더 많은 이들이 굶어 죽었을 것이라고 합니다.

> 북쪽 사회에서는 사람과 사람 사이의 삶의 모습이 우리가 생각하는 것
> 과는 크게 다른 면이 있는 것으로 알려져 있다. 북한을 버리고 온 귀순
> 자들조차 북한 사회의 인간적 순수성, 도덕성, 정직성, 순박함 등에 대
> 해서는 남한 사회와 대조를 이루고 있음을 지적하고 있다. 비교적 가
> 난하지만 나눔의 미덕, 이웃과의 협동심, 그리고 일반적 생활 형태인
> 대가족적 생활에서 오는 혈육적 윤리 등이 그 사회 사람들의 삶의 특
> 징으로 지적된다.
>
> 리영희, 『반세기의 신화』

공동체성은 사회주의 체제의 특성이기도 합니다. 동독 출신의 이바 마리아 베어톨트 씨는 2018년 9월 「프레시안」과 인터뷰에서 통일 후 가장 아쉬운 점에 대해 "동독에 남아 있던 공동체 의식(Gemeinsinn)이 사라졌다는 것이다."라고 했습니다.

물론 이런 공동체성은 자율적으로 형성되었다기보다 국가의 통제 체제 속에서 유지되어 왔던 것도 사실입니다. 그런 만큼 개인의 창의 성과 자유로움을 억압해 왔던 것도 사실입니다. 그래서인지 탈북인들은 한국 사회의 장점으로 "누구에게도 영향받지 않고 의견을 이야기할 수 있다."는 점을 들곤 합니다.

하지만 공동체성이 빈약한 한국 사회에서 보면 부러울 때가 있습니

다. 아파트에서 바로 옆집과도 제대로 말을 섞지 않고 지내는 이들이 적지 않습니다. 서로 돕고 협력해 뭔가를 이루려고 하기보다 경쟁에서 이겨야 한다는 의식이 지배하다 보니 타인에 대한 배려심이 부족합니다. 언론에서 지금의 한국 사회를 '각자도생(各自圖生, 제각기 살길을 찾음)'이라고 표현하곤 하는데 그리 과장은 아닐 것입니다.

물론 북한의 공동체성이 통일 이후에도 남아 있을지, 시장 경제가 가속화하면서 한국처럼 경쟁 만능 사회로 바뀔지 모릅니다. 북한의 공동체성을 그대로 우리가 가져다 쓸 수도 없는 노릇입니다.

다만 남북 교류 과정에서 북한 사회를 움직이는 공동체성의 원리를 관찰해 장점을 흡수할 수 있다면 좋을 것입니다. 공동체가 유지되게 하는 제도와 관행을 살려서 쓸 수 있는 방안을 모색해 볼 수도 있습니다.

'우리 것'을 지키고 발전시켜 온 북한의 문화 예술

북한이 '우리 것'을 지키고 발전시켜 온 점도 눈여겨봐야 합니다. 한국 사회를 보면 우리 것을 잃어버린 채 남만 쳐다보며 사는 게 아닌가 하는 생각이 들 때가 많습니다. 우선 외국어·외래어 사용이 과도합니다. 탈북인들이 '한국은 말이 통하는 외국'이라고 혀를 내두를 정도이니까요. 예를 들어 '반응'이나 '응답'이라고 하면 될 것을 '피드백'이라고 표현합니다. 아예 공공 기관이 외래어 사용을 주도하기도 합니다. 동사무소가 동 행정 복지 센터로 바뀌었고, 고속도로의 하이패스나 지하철의

스크린 도어(지금은 안전문이라고도 하지만) 같은 말은 처음부터 영어로 보급되었습니다. 국가 발전 로드맵, 한반도 평화 프로세스, 혁신 클러스터 같은 말들도 마찬가지입니다. 적당히 영어를 섞어 써야 알맹이가 있어 보이는 풍조가 되어 버렸습니다.

얼마 전까지도 고속도로 인터체인지를 '나들목'으로, '노견'을 '갓길'로 바꾸는 등 아름다운 우리말을 고안해 내려는 움직임이 있었지만 지금은 찾아보기 어렵습니다. 한글을 '언문'이라며 차별했다는 조선 시대의 말글 생활을 비판하지만 우리말은 지금도 마찬가지 신세가 아닐까요? 영어를 숭상하는 풍조에 제동을 걸지 않으면 우리말은 갈수록 빈약해질 것입니다.

북한은 우리말로 쓸 수 있는 것들은 대체로 고쳐 씁니다. 전문 용어들도 직관적이고 알기 쉬운 것들이 많습니다. 과학 용어 '가시광선'을 북한에서는 '보임광선'이라고 합니다. '가시(可視)'라는 한자말을 군이 쓰지 않고도 단번에 의미를 파악할 수 있습니다. 한국에서 에이에프엠(Atomic Force Microscope, AFM)이라고 부르는 장비를 북한에서는 '원자힘현미경'이라고 합니다. 이 분야를 잘 모르는 사람도 원자힘을 사용하는 현미경임을 바로 알 수 있겠죠. 복잡한 한자어나 영어 약자 대신 쉬운 우리말 용어를 쓴다면 과학 기술의 문턱이 더 낮아질 수 있지 않을까요?

우리 언어생활이 자주적이지 못한 것은 대체로 외국 유학을 다녀와야 출세하던 사회 구조와 관련이 클 것입니다. 그러니 아이가 우리말을 채 익히기도 전에 영어 몰입 교육을 시키는 것이겠지요. 한국은 외국과 하는 교역이 경제에서 절대적 비중을 차지하는 통상 국가이니 외국어를 중시해야만 하는 사정이 있습니다. 그렇다 하더라도 외국어를 남용한다면 민족 문화와 정신의 근간을 이루는 우리말은 점점 밀려나 언젠가 사라지고 말 것입니다. 일본은 노벨상 수상자들의 이력에서 알 수 있듯이 일본어만으로도 세계적인 수준의 학문적 성취가 가능한 나라입니다. 외국어를 일본어로 바꾸어 쓰는 일에 많은 공을 들인 결과입니다. 하지만 지금 한국어는 학문을 할 수 없는 반쪽짜리 언어에 불과합니다.

북한이 전통 예술을 계승해 현대적으로 발전시켜 온 점도 눈여겨봐야 합니다. 북한은 1950년대 후반부터 전통 악기를 개량해 서양 음악 연주가 가능하도록 했습니다. 태평소를 개량해 12음계를 낼 수 있도록 한 '장새납'이나 옥류금, 어은금 같은 현악기들이 그것입니다. 옥류금은 오르간과 가야금을 합쳐 놓은 듯한 독특한 모양의 33줄 현악기로 음색이 서양의 하프와 비슷합니다. 어은금은 만돌린 모양의 4줄 현악기입니다. 관악기도 재료를 대나무에서 딱딱한 재질의 박달나무로 바꾸고 서양의 플루트처럼 금속키를 달아 반음 연주나 조옮김이 쉽도록 했습니다. 이 중 옥류금과 장새납은 우리 음악계에도 받아들여져 연주자들이 나오기도 합니다. 전통 예술을 현대화·대중화하려는 노력은 우리 음악계도 배울 만한 대목입니다.

문재인 정부에서 남북 행사 연출을 담당했던 탁현민 전 청와대 선임 행정관은 북한 문화 예술의 잠재력을 이렇게 평가합니다. 그의 말대로 통일은 남북이 각기 발전시켜 온 문화 예술을 창조적으로 융합하는 기회가 될 수 있습니다.

북한은 옛 소련과 동유럽 사회주의 국가들의 문화 양식을 보존하거나 전통 문화와 접목해 발전시켜 왔습니다. 사회주의권 붕괴와 함께 지구상에서 거의 사라진 독특하고 이국적인 문화 예술을 잘 간직하고 있는 셈입니다. 이를 잘 활용하면 훌륭한 문화 상품이 될 수 있는 것이죠.

러시아에는 소련 시절 창단한 '알렉산드로프 앙상블'이라는 합창단이 있습니다. '붉은군대 합창단'이라는 별칭이 말해 주듯 소련 군대에서 운영하던 합창단입니다. 합창단은 스탈린 사망 후 동서 긴장이 완화되자 서방 공연을 다니며 탁월한 예술성과 기량을 과시해 명성을 높

2018년 2월 11일 삼지연관현악단의 서울 공연에서 사회를 본 가수 서현(오른쪽에서 세 번째)이 북한의 가수들과 함께 노래를 부르고 있다(공연은 강릉과 서울에서 두 차례 함).

였습니다. 소련이 러시아로 바뀐 뒤에도 이들은 여전히 세계인의 마음을 사로잡고 있습니다. 우리나라에도 수교 직후인 1991년 방문해 공연한 이후 두 차례 더 내한 공연을 했습니다. 소련 시절에는 군가와 혁명가를 주로 불렀으나 점차 러시아 전통 민요, 찬송가, 오페라, 대중음악 등 공연 목록도 다양해졌습니다.

북한에도 '붉은군대 합창단'과 비슷한 '조선인민군공훈국가합창단'이 있습니다. 지금이야 공연 내용이 체제 선전 일색이지만 예술성만큼은 뛰어나 정치색을 뺀다면 '알렉산드로프 앙상블'처럼 통일 이후에도 문화 예술 단체로 활약할 수 있을 것입니다.

조선화는 북한의 동양화로 수묵 채색화가 중심입니다. 2011년부터
2016년까지 아홉 차례 평양을 방문해 북한 미술을 연구한 미국 조지타
운대학 문범강 교수는 북한 미술이 체제 선전 도구로 여겨지면서 저평
가되었지만, 북한은 세계 어느 나라에서도 발견할 수 없는 독특하고 깊
이 있는 사실주의 미술을 발전시켜 왔다고 평가합니다. 조선화는 같은
사회주의 국가인 중국이나 옛 소련뿐 아니라 외부의 어떤 영향도 거의
받지 않고 독창적으로 발전해 왔다는 것이 문 교수의 평가입니다.

북한은 또 중국 북송 시대에 시작되어 조선 시대에 보급된 몰골 기
법(沒骨技法)을 계승 발전시켜 왔습니다. 골(骨)이란 윤곽선을 가리키
는 것이니 몰골 기법은 윤곽선 없이 그리는 색채주의적 화법입니다.
보석화도 유명한데 밑그림을 그린 후 천연 보석 가루나 돌가루를 색깔
별로 뿌려서 파스텔화 같은 효과를 나타냅니다. '돌가루'여서 색이 변
하지 않는다고 합니다. 보석화는 고구려 고분 벽화가 오랜 세월이 지
나도 색깔이 변하거나 없어지지 않는 데서 착안해 만들어진 화법이라

고 합니다.

북한에는 화폭에 먼저 금박을 입힌 후 그림을 그리면서 조금씩 털어 내는 금니화(金離畵)라는 화법도 있습니다. 북한의 조선화가 이룩한 독특한 성과에 대해 홍콩, 미국은 물론 유럽에서도 관심이 커지고 있다고 합니다.

남북 예술 교류는 통일 이후의 문화를 대단히 풍부하게 해 줄 것입니다. 난류와 한류가 교차하는 바다가 어족이 풍부한 것처럼 자본주의 문화와 사회주의 문화의 창조적 융합은 문화 강국 코리아의 원동력이 될 가능성이 큽니다.

남북 교류, 북한도 바뀐다

> "북쪽의 민의를 키우는 데도 주력해야 되어. 북의 하향적이고 다소 획일적인 사고를 임수경 대표가 얼마나 많이 바꿔 놓았는지를 보면 북의 민의를 키우는 데 남쪽의 민이 얼마나 큰 역할을 하는지 알 수 있지."
>
> 문익환(목사), 「한국외국어대 학보」, 1993년 3월 23일 인터뷰

남북의 접촉과 교류로 북한도 조금씩 변해 왔습니다. 『민족21』안영민 기자는 『행복한 통일이야기』에서 종교를 배타시하던 북한의 분위기가 바뀌게 된 것이 남측 종교인들 때문이었다고 합니다. 남측 종교인은 1989년 북을 방문해 김일성 주석과 회담한 문익환 목사와, 그해 여름

평양에서 열린 세계청년학생축전에 한국 대학생 대표로 참가한 임수경을 데리고 군사 분계선을 넘어온 문규현 신부를 가리킵니다. 통일을 위해 위험을 무릅쓰고 방북한 두 종교인의 선구자적 태도가 북한 주민들의 마음을 움직였다고 합니다.

> 이 땅에서 오늘 역사를 산다는 건 말이야
> 온몸으로 분단을 거부하는 일이라고
> 휴전선은 없다고 소리치는 일이라고
> 서울역이나 부산, 광주역에 가서
> 평양 가는 기차표를 내놓으라고 주장하는 일이라고
>
> — 문익환, 「잠꼬대 아닌 잠꼬대」, 1989년

1989년 3월 늦봄 문익환 목사의 방북도 북한의 통일 정책에 큰 영향을 미친 사례입니다. 문 목사가 정부 허가 없이 방북하자 '감상적 통일주의자'라는 등 비판이 쏟아졌지만 그는 김일성 주석과 만나 그의 생각을 많이 바꿔 놓았습니다. 북한은 당시만 하더라도 남북 동시 유엔 가입을 반대하고, 정치 군사 문제를 우선시했지만 이후 남북 유엔 동시 가입, 정치 군사 문제와 교류 협력의 병행 추진 등 문 목사의 주장을 대폭 수용합니다. 남북 관계에서 문 목사의 공헌은 제대로 평가할 필요가 있습니다.

청년학생축전에 참가하기 위해 1989년 6월 30일부터 8월 15일까지 북한을 방문(당시 정부의 허가 없이 밀입국함)한 한국외국어대학교 학생 임수경이 북한에 미친 영향도 컸다고 합니다. 청바지에 티셔츠 차림으로 방북한 임수경의 발랄하고 당찬 모습이 엄숙주의가 지배한 북한 사회를 뒤흔들어 놓았다고 합니다. 임수경이 나타나면 사람들이 몰려들면서 공장 조업이 중단될 정도였다고 당시를 기억하는 탈북인들은 전합니다. 임수경은 "저는 북한 체제에도 문제가 있다고 생각하는 사람입니다. 북한이 좋아서 온 게 아닙니다."라고 했고, 사람들만 모이면 즉석 연설을 해 북측 관계자들을 당혹스럽게 했습니다. 임수경은 행사 기간 '조선은 하나다'라는 구호를 '조국은 하나다'로 고치도록 했습니다.

한 탈북인은 "임수경의 방북 이후 북한 학생들 사이에 티셔츠 차림이 유행할 정도였다. 북한에 자본주의 문화를 끌어들인 이가 임수경이다."라고 했습니다. 자유분방하면서도 당당한 남측 여대생에게서 북한 주민들은 '자율적인 개인'을 처음 접한 것입니다.

이렇듯 한국과 접촉하고 교류하는 과정에서 북한도 바뀌고 변화해 온 것은 부정할 수 없는 사실입니다. 김대중·노무현 정부가 햇볕정책을 추진하는 과정에서 '북한의 개혁·개방'을 거론할 때마다 북한은 거부 반응을 보였습니다. 하지만 북한은 2007년 남북정상회담에서 공동선언 제목을 노무현 정부의 대북 정책인 '평화번영 정책'을 그대로 딴 '한반도평화번영선언'으로 하는 데 동의했습니다. 비록 대북 제재로 성과를 내지 못하고 있지만 김정은 위원장은 2013년 외국인 투자를 유치하기 위해 평양시를 포함한 전국 각 지역에 20개 이상의 경제 개발

구를 지정했습니다. 대외 개방 조치를 한 것입니다.

한국의 보수층은 북한이 체제를 유지하기 위해 문을 조금만 여는 데 비해 우리만 활짝 개방하면 남한 사회의 '친북화'가 진행될 것이라고 걱정하기도 합니다. 하지만 북한에는 이미 20년 전부터 한국의 드라마와 가요 등 문화 콘텐츠가 유통되고 있습니다. 비록 몰래 유통되긴 하지만 북한 주민들은 한국 대중문화를 간접적으로 경험하면서 한국의 경제 상황을 잘 알게 되었습니다. 북한은 또 이미 외국 관광객들을 대거 받아들이고 있습니다. '폐쇄적인 북한'이라는 고정 관념으로는 북한을 제대로 볼 수 없는 상황이 된 것입니다.

통일에 앞서 남북 교류와 접촉을 본격화하면 북한도 바람직한 방향으로 진화해 갈 것입니다. 물이 끓는점에 이르면 갑자기 수증기가 되듯이 꾸준한 접촉과 교류가 축적되면 북한 사회도 질적으로 바뀔 것입니다.

5. 한반도가 세계 평화의 중심지가 된다

슬픈 일일수록

새들은 빨리 용서할 줄 안다.

우리보다 더 힘들게 살면서도

언제나 우리보다
더 먼저 용서하는 새들

지난 일을 잊기 위해
새들은 소총 소리 들리는 숲을 찾아와
거기에다 편안한 집을 짓는다
지뢰가 흩어진 숲속을
우리보다 더 먼저 찾아와
단단하게 집을 짓고
따스한 알을 낳는다.

— 권영상, 「비무장지대 2」

한반도는 제2차 세계 대전 이후 형성된 냉전이 여전히 해소되지 않은 지역입니다. 외국인들이 바라보는 한반도는 우리가 신문에서 중동 분쟁 기사를 접할 때 받는 느낌과 크게 다르지 않다고 합니다. 늘 전운이 감돌고, 자칫하면 전쟁이 일어날지 모르는 분쟁 지역처럼 여겨지는 것입니다. 그런 한반도가 평화적으로 통일하게 된다면 국제 사회에 대단히 좋은 소식이 됩니다. 기독교의 '복음(福音)'과도 같은 것이죠. 프란치스코 교황이 기회가 있을 때마다 한반도 평화를 기원하는 것도 이런 까닭입니다.

평화적 통일은 한국을 일약 세계 평화의 중심지로 만들 것입니다. 38

도선이 지나고 판문점과 개성 공단이 있는 개성을 평화시로 조성할 수도 있습니다. 이곳에 유엔 관련 기구를 유치해 국제적 위상을 높이고 인접한 비무장 지대에 세계 평화 공원을 조성하는 일도 가능할 것입니다. 남북이 공동으로 대학을 설립해 평화를 가르치는 연구 중심지로 육성해서 세계 평화를 이끌어 갈 지도자들을 키울 수도 있습니다.

제2차 세계 대전 막바지에 미국의 원자 폭탄 공격을 받아 14만 명이 숨지는 비극을 겪은 일본 히로시마시는 전쟁이 끝난 뒤 평화 도시로 거듭났습니다. 1949년 일본 의회에서 히로시마 평화 기념 도시 건설법을 제정했고, 국제 평화 문화 도시를 선포했습니다. 그리고 폭격으로 뼈대만 남은 원폭 돔 주변을 평화 공원으로 조성했습니다. 히로시마시에서 해마다 반전 평화를 위한 국제회의가 열립니다. 수많은 관광객이 평화의 소중함을 체험하려고 이곳을 찾습니다.

그런데 개성과 인근 비무장 지대는 히로시마 이상으로 국제적인 평화 도시의 잠재력이 있습니다. 남북이 통일 국가를 이룬다면 개성이 새로운 수도가 될 수도 있습니다. 연합 또는 연방 국가 형태로 통일된다면 남측의 수도는 서울, 북측의 수도는 평양이면서 남북 연합 본부 또는 연방 정부를 개성에 두는 것입니다. 유럽 연합 본부가 베를린(독일)이나 파리(프랑스)가 아닌 브뤼셀(벨기에)에 있는 것과 비슷합니다. 개성이 통일 한국의 수도가 된다면 평화 도시로서 상징성이 더욱 커질 것입니다.

6. '무국적' 재일 코리안들, 굴레에서 벗어난다

일본이 제2차 세계 대전에서 패망한 1945년 8월, 일본에는 조선 사람이 200만여 명 살고 있었습니다. 조선 사람들은 구한말부터 일자리를 찾아 일본으로 건너갔고, 1910년 일본에 병합된 뒤로는 더 많은 이들이 취업이나 학업을 위해 현해탄을 건넜습니다. 일본이 태평양 전쟁을 일으키면서 만든 '국가총동원법'에 따라 1938년부터 조선 사람 수십만 명이 일본으로 끌려가 탄광 등에서 위험한 노동에 시달렸습니다.

일본이 패망하자 대부분 귀국할 생각이었지만 상황이 여의치 않았습니다. 한반도는 미국과 소련이 분할 점령했고, 좌우 분열로 혼란이 극심했습니다. 일본에 진주한 미군은 조선 사람들의 귀환을 제대로 지원하지 않았고, 귀국할 때 가지고 갈 돈과 재산을 제한했습니다. 이런 이유 등으로 60만여 명이 일본에 눌러앉게 되었습니다.

패망 전에는 형식상으로나마 일본인이던 재일 조선인들은 점차 권리를 제한받게 되었고, 1952년 일본이 연합국과 샌프란시스코 강화 조약을 맺은 뒤 내린 행정 조치로 일본 국적을 박탈당합니다. 이후 지금까지 한국 국적을 취득하지 않거나 일본으로 귀화하지 않아 일본법상 국적이 '조선'으로 남아 있는 동포들이 재일 조선인입니다.

국적이 '조선'이라 북한 국적으로 오해받곤 하지만 이는 미군이 일본에 병합되기 전의 조선을 임시 국적으로 정한 탓입니다. 대한민국도 조선민주주의인민공화국도 수립되지 않았던 시기였기 때문에 '조선'

표기는 무국적이나 다름없었습니다.

그런데 지금까지도 불편을 감수하면서 '조선' 국적을 유지하는 재일 조선인이 3만 명이 넘습니다. 북한 쪽에 가까운 이들도 있지만, 조국이 분단된 현실에서 어느 쪽에도 속하고 싶지 않아 예전 그대로 유지하는 이들도 있습니다.

일본 사회에는 '민단'으로 불리는 '대한민국 거류민단', '조선총련' 또는 '총련'으로 불리는 '재일본조선인총연합회' 등 동포 조직이 두 개 있습니다. 조선총련은 북한의 해외 공민 단체입니다. 남북이 분단되면서 재일 동포 사회도 둘로 갈라진 것입니다.

그런데 조선총련을 '북한의 *끄나풀*'이나 공작 기관으로만 간주하는 것은 조금 문제가 있습니다. 재일 동포들이 차별로 고초를 겪을 때 재일 동포의 권리 옹호에 앞장서 온 지난 역사 때문입니다. 지금도 조선총련은 일본 각지에서 조선 학교를 운영하며 동포들이 우리말과 글, 역사와 문화를 배우고 정체성을 지켜 나가도록 하고 있습니다.

민단계가 운영하는 한국 학교가 얼마 되지 않기 때문에 조선 학교에 자녀들을 보내는 재일 동포 가정도 적지 않습니다. 조선이 해방되고 조국으로 돌아가지 못한 동포들은 아이들에게 조선어를 가르치려고 '국어 강습소'를 열었습니다. 이것이 조선 학교의 시초입니다. 1946년에는 이 학교가 500개에 달했으나 미군정과 일본 정부는 학교를 폐쇄하려고 했습니다. 지금도 일본 정부는 조선 학교를 정식 학교로 인정하지 않고 무상 교육 대상에서도 제외했습니다.

과거 한국 정부는 재일 동포에 대한 지원이 소극적이었던 반면 북한은 상대적으로 많은 지원을 해 왔습니다. 이런 차이는 한때 재일 동포 사회가 총련 쪽으로 쏠린 원인이기도 합니다.

남북 관계가 좋아지면 재일 동포 사회도 마음속의 분단선을 지우고 민단과 총련이, 대한민국 국적 동포와 조선적 동포가 자연스럽게 어울리곤 합니다. 남북이 통일된다면 재일 동포 사회도 하나로 될 것입니다. 조선적을 유지해 온 재일 동포들도 무국적 상태에서 벗어나 '통일 코리아'의 여권을 갖게 될 것입니다. 이때쯤이면 조선 학교에 대한 일본 정부의 차별도 자연스레 사라지게 되겠죠.

이밖에도 통일이 이뤄진다면 국제 사회에서 '코리아'의 위상이 한껏 높아질 수 있을 것입니다. 70년 넘는 분단을 극복하고 성취한 통일은 그 자체로 긍정적인 에너지가 될 것입니다. 하지만 이런 장점에도 불구하고 분단이 유지되어 온 여러 가지 이유가 있습니다. 다음 장에서는 통일을 반대하는 이유들을 살펴보겠습니다.

어느 재일 조선인 학부모의 수기

유치원에서 고급 학교까지 꼬박 민족학교에 다니고 난 뒤 일본의 사립대학에 진학했다. 거기서 일본 학교만을 다닌 재일 동포들과 만났고 친해졌다. 나에게는 늘 '리명옥'이라는 이름밖에 없고 "일본 사람 아니네요."라는 말을 들어도 "네~ 재일 조선인이에요." 하고 거의 건성으로 대답할 만큼 마음에 걸리는 것이 없다. 그런데 대학에서 만난 친구들은 자신이 재일 조선인이라는 것을 외면하거나, 그 사실을 인정하기 위해 대단한 마음 고생을 하고 있었다. (중략) 조선 학교에서 자란 나는 정말 천진난만했다. 일본 사회에 대한 인식도 너무 낙관적이었을지도 모른다. 그래도 나는 역시 아이들을 조선 학교에 보내고 있다. 천진난만했으면 좋겠다. 세상을 보는 눈이 삐딱하지 않고 희망적이었으면 좋겠다. 내 뿌리가 어디에 있는지 배우는 과정이 힘들지 않았으면 좋겠다. 자신을 뿌리째 사랑할 방법을 될수록 어릴 때에 알았으면 좋겠다. 그런 바람 때문에 나는 아이들을 조선 학교에 보내고 있다. (중략)

아이 셋을 조선 학교에 보내는 가정에 맞벌이가 아닌 집은 없다. 비싼 학비에 기부금을 보태면서 학교에 보내고 있지만 밤낮 없고 일요일도 따로 없는 우리 선생님들이 받는 월급은 아르바이트 잘하는 고교생들이 한 달에 버는 돈과 크게 다르지 않다. 아이들이 지내는 곳인데 유리창 한 장 깨져도 바로 고쳐줄 수 없는 핍박한 형편이 오늘날 우리 학교의 모습이다. (중략)

조선 학교 아이들은 어쩌면 일본에서 가장 눈에 띄는 재일 동포일지도 모른다. 그래서 진심으로 이해해 주고 함께할 수 있는 일본 사람이나 남북 조국의 동포들을 만날 기회도 많고, 동시에 우익적이고 배타적인 세력의 표적이 될 기회도 많다. 아이들은 자연스럽게 조국의 통일을 희망하고 남북에 다리를 놓을 수 있는 존재가 될 수 있지 않을까 꿈을 꾼다.

-리명옥, "'조선인 주제에 왜 일본에 사냐'는 말 들어도…", KIN(지구촌동포연대) 「동포소식-일본편」

3부

—

통일을 반대한다

가끔 그런 생각해. 난 아주 오래전에 죽었다는 생각.

그렇게 많이 죽여 댔으니까 당연히 지옥에 가야 되는데

여기보다 더 지옥이 없어서 그냥 여기서 살고 있는 게 아닐까?

-영화 「고지전」에서 수혁의 대사

우리 사회에는 통일에 대해 부정적인 의견이 만만치 않게 있습니다. 분단 70여 년 동안 이질적인 체제가 고착된 가운데 통일될 경우 혼란이 클 뿐 아니라 통일 과정에서 짊어져야 할 부담이 삶의 질을 악화하거나 기회를 빼앗을 것이라고 걱정하기 때문입니다. 2018년 열린 평창 동계 올림픽에서 여자 아이스하키 단일팀 구성을 놓고 일부 선수들과 청년들이 거세게 반발한 것은 그 예입니다. 갑자기 올림픽에 참가하는 북한 때문에 남한의 선수들이 출전 기회를 놓치는 것은 공정하지 않다고 여긴 것입니다.

남북은 독일과 달리 한국전쟁 때 3년간 전쟁을 치르며 수많은 사람이 희생되었고, 그로써 쌓인 적대감이 반세기가 넘도록 누그러지지 않은 것도 통일을 꺼리는 원인일 것입니다. 사람들은 북한의 핵 문제가 30년 가까이 해결되지 않은 점, 북한이 유례가 드문 세습 독재 체제를 유지하는 점을 들어 과연 북한과 통합해서 살 수 있을지 의문을 품습니다. 그래서 통일보다 평화로운 영구 분단이 낫다는 이들도 적지 않습니다. 그런데 통일 반대론과 통일론 사이에는 평화라는 공통분모도 보입니다.

1. 전쟁의 상처가 너무 깊다

참혹한 전쟁과 대결의 기억

한국은 1950년부터 3년간 동족끼리 통일을 명분으로 벌인 전쟁에서 남북 합해 250만여 명의 희생자(사망·실종자)를 내는 비극을 겪었습니다. 한국군은 사망·실종자가 28만 명이고 부상자를 포함하면 100만 명, 북한군은 사망·실종자(포로 포함) 41만 명, 부상자 등을 포함하면 80만 명에 달합니다.

그러나 한국전쟁에서는 군인보다 민간인 사망자가 더 많았습니다. 국방부 통계에 따르면, 남한은 민간인 사망자 24만 5,000명, 학살된 민간인 13만 명, 부상 23만 명, 납치 8만 5,000명, 실종 30만 3,000명으로 모두 100만 명이 피해를 입었습니다. 한국전쟁 유족회와 학자들은 학살된 한국인만 100만 명으로 추정합니다. 북한 당국의 발표에 따르면, 북한의 민간인 사망자는 28만 2,000명, 실종자는 79만 6,000명입니다. 실종자는 사망한 것으로 간주됩니다. 당시 남북한 전체 인구의 20퍼센트가 피해를 당했으니 가족마다 1명 이상 피해를 당한 것으로 볼 수 있습니다. 경남 일부 지역과 제주도를 제외한 지역에서 전쟁으로 가족, 이웃, 친척을 잃지 않은 한국인은 없다시피 할 정도였습니다.

전쟁 이전부터 한반도에서는 좌우 갈등과 대립이 격화되면서 전쟁을 피하기 어려운 상황이었습니다. 그중에서도 1948년부터 1954년까지 2

만 5,000~3만 명이 숨진 제주 4·3은 사실상의 내전이었습니다.

한국전쟁이 시작되자마자 좌익 활동을 하다 전향한 보도연맹원들이 집단으로 학살된 것을 비롯해 국군과 인민군, 좌익과 우익에 민간인 수십만 명이 희생되었습니다. 격전지 마을 주민들은 국군이 들어오면 태극기를 걸고, 인민군이 들어오면 인공기를 걸어야 목숨을 부지할 수 있었습니다.

> 6·25가 터지고 나서 우리 고향에는 한동안 우리 경찰대와 지방 공비가 뒤죽박죽으로 마을을 찾아드는 일이 있었는데 어느 날 밤 경찰인지 공비인지 알 수 없는 사람들이 또 마을을 찾아 들어왔다. 그리고 그 사람들 중의 한 사람이 우리 집까지 찾아 들어와 어머니하고 내가 잠들고 있는 방문을 열어젖혔다. 눈이 부시도록 밝은 전짓불을 얼굴에다 내리비추며 어머니더러 당신은 누구의 편이냐는 것이었다. 하지만 어머니는 그때 얼른 대답을 할 수가 없었다. 전짓불 뒤에 가려진 사람이 경찰대 사람인지 공비인지를 구별할 수 없었기 때문이다. 대답을 잘못했다가는 지독한 복수를 당할 것이 뻔한 사실이었다. 하지만 어머니는 상대방이 어느 쪽인지 정체를 모른 채 대답을 해야 할 사정이었다. 어머니의 입장은 절망적이었다. 나는 지금까지도 그 절망적인 순간의 기억을, 그리고 사람의 얼굴을 가려 버린 전짓불에 대한 공포를 생생하게 간직하고 있다.

— 이청준, 『소문의 벽』

이청준의 소설『소문의 벽』에서 주인공인 소설가 박준의 어릴 적 체험과 그에 따른 상흔은 당시 한반도에 사는 이들 대다수가 겪었던 일이 아닐까 싶습니다. 전쟁이 나고 이틀 뒤인 1950년 6월 27일 이승만 대통령은 비밀리에 수도 서울을 버리고 떠났습니다. 그는 피란지인 대전에서 "우리 국군이 공산군을 격퇴하고 있으니 서울 시민과 국민 여러분은 안심하기 바란다."라고 방송했습니다. 방송을 듣고 서울에 남은 시민들은 다음 날부터 서울을 점령한 인민군 치하에서 고초를 겪어야 했고, 싱딩수는 부득이하게 협력할 수밖에 없었습니다.

서울이 수복된 뒤 시민들은 한강을 건너 피란에 나선 '도강파'와 서울에 남은 '잔류파'로 분류되었고, 잔류파는 부역자나 간첩으로 몰려 상당수가 처형되었습니다. 이승만 정부에서 '비상사태하의 범죄처벌에 관한 특별조치령'을 만들어 적에게 협력한 사람들을 사형, 무기 또는 10년 이상의 징역에 처하도록 한 것입니다. 이후로도 권력이 시민에게 '어느 편'인지를 확인하는 '사상 검열'은 계속되어 왔습니다. 지금도 북한에 대해 조금이라도 전향적인 발언을 하면 '종북'으로 몰리지 않습니까.

전쟁 중은 물론 전쟁이 끝난 뒤에도 권력이 분단을 정치적으로 이용하면서 북한은 타도 대상이라는 적대감이 한국 사회에 확고하게 뿌리내렸습니다. 휴전 이후에도 남북의 갈등과 대치가 발생할 때마다 전쟁 당시 체험이 사람들을 위축시키곤 합니다. 서로에 대한 증오감은 정치권력에 의해 키워진 면이 큽니다.

남북은 1970년대 들어서야 대화를 시작했지만 꾸준하게 이어지지 못하고 정세에 따라 중단되기 일쑤였습니다. 민간 차원의 교류는 극도로 제한되었습니다.

통일을 이야기할수록 통일에서 멀어진다

한국의 통일 논의에서 빼놓지 않고 등장하는 것이 독일 사례입니다. 1989년 11월 베를린 장벽이 무너지고, 1년도 채 안 되어 동서독이 투표로 평화로운 통일을 성취하는 전개 과정이 너무도 인상적이었던 까닭에 독일과 같은 통일을 꿈꾸게 됩니다.

하지만 독일은 한국과 달리 동족상잔의 전쟁을 치르지 않았습니다. 분단 이후에도 양쪽 주민들의 감정을 극도로 악화시킬 만한 사태는 없었습니다. 분단 시절에도 양쪽 주민들은 끊임없이 접촉할 수 있었고, 서로 친척을 방문할 수 있었습니다. 전화와 편지도 주고받을 수 있었습니다. 1987년 독일과 1995~1998년 한국을 비교한 자료를 보면 이 기간에 남북한 방문자 수는 536명에 그친 반면 동서독 방문자 수는 241만 명이었고, 남북한 우편·전화 교환은 1,000여 건인 반면, 동서독은 153만 건이나 되었습니다. 비교 자체가 불가능할 정도의 차이입니다. 독일 교회를 통한 교류도 활발했습니다. 19세기 출범한 평신자 운동 조직인 독일 기독교총연합회는 분단 시절에도 동독에서 자유롭게 활동할 수 있었습니다. 동서독이 이처럼 분단 이후에도 접촉과 교류를 유지할 수 있었던 데는 통일 대신 평화에 무게를 두었고, 서로 실체를 인정했기 때문이기도 합니다.

독일에서는 동독 주민들이 서독의 텔레비전을 볼 수 있도록 허용했지만, 한국에서는 북한의 라디오 방송을 듣다가 걸리면 국가보안법 등으로 처벌받습니다. 최근에는 북한 주민들 사이에 한국 드라마가 유행하지만 이 역시 당국에 적발되면 혹독한 처벌을 받습니다.

독일에서는 개신교가 통일 과정에서 중요한 역할을 했지만 한국의 개신교 중 상당수는 북한 체제에 대한 적대감을 확산하는 데 앞장서고 있습니다. 서울 도심 한복판인 광화문에는 '공산당 평화는 거짓, 성경대로 무력 남침, 하나님 권세로 멸공 북진 통일, 북한 동포 해방' 등의 현수막이 걸리곤 합니다. 북한에도 권력으로부터 독립된 목소리를 낼 수 있는 자립적 종교가 존재하지 않습니다.

한반도에서는 독일과 달리 상대방의 실체를 인정하지 않은 채 통일을 내세우고 강조함으로써 오히려 대결과 갈등을 유발했습니다. 북한은 적화 통일, 한국은 승공 통일과 흡수 통일을 내세우면서 상대 체제의 붕괴를 꾀했습니다. 통일을 이야기할수록 통일에서 멀어지는 역설이 되풀이되어 온 것입니다.

비록 70년 가까이 지났지만 수백만 명이 죽거나 다친 전쟁이 남긴 상처는 쉽게 아물기 어렵습니다. 과거를 용서, 화해하고 미래로 나아가는 결단은 통일 과정에서 반드시 필요하지만 결코 쉽지 않은 일입니다.

2. 남북은 이미 통합하기 어려울 정도로 달라졌다

어느 한쪽이 무너지지 않는 한 통일은 불가능하다

분단 체제가 70년이 넘어서면서 이미 많은 한국인은 북한을 우리와는 같은 민족일 뿐 체제와 사회 원리가 다른 별개 나라로 인식합니다. 일본의 식민 지배가 끝나 비로소 근대 국민국가를 세울 시점부터 분단되어 버렸으니 이런 생각이 틀렸다고 할 수도 없습니다.

물론 대한민국 헌법 제3조에 "대한민국의 영토는 한반도와 그 외 부속도서로 한다."라고 되어 있으니 한반도의 유일한 합법 정부가 대한민국이고, 북한은 대한민국의 영토를 불법 점거한 상태라고 볼 수 있습니다.

하지만 휴전선 이북의 조선민주주의인민공화국은 유엔의 승인을 받은 독립된 주권 국가입니다. 1991년 남북한 유엔 동시 가입으로 한국도 2국가 체제를 인정한 셈입니다.

2018년의 4·27 판문점 선언 맨 끝에는 '대한민국 대통령 문재인'과 '조선민주주의인민공화국 국무위원회 위원장 김정은'이라고 서명되어 있습니다. 남측 대통령도 북측 국무위원장도 아닌 대한민국 대통령과 조선민주주의인민공화국 국무위원장입니다. 헌법에 한 줄 적혀 있다는 이유로 통일을 지향해야 하는 시대는 이미 지나 버린 셈입니다.

- 한반도의 미래는 '통일 한국'과 '남북한 2국가' 중에 어느 쪽일까?

"한반도 2국가 체제가 이미 굳어진 현실이다. 단기적으로 그렇다는 의미가 아니다. 장기적으로도 그게 유일한 대안이라고 본다. 남과 북은 이미 별개 국가다. 그건 돌이키기 어렵다."

(언제부터 어떻게 굳어졌다는 뜻인가) 이념적·군사적 적대 관계가 확립되면서 한반도의 상태는 '현상 유지'로 굳어진다. 전쟁 이후에는 남과 북에 체제의 정당성을 강하게 내세우는 정부가 각각 들어섰다. 서로를 승인할 수 없는, 어느 한쪽이 파괴되지 않으면 통일이 불가능한 구조가 된 것이다. 또 분단은 국제 정치의 산물이기도 하다. 이를테면 보수가 주장하는 북진 통일은 중국이 있어 불가능하다. 북한의 적화 통일은 미국이 있어 불가능하다. 결국 서로를 승인하는 통일도, 파괴하는 통일도 불가능하다."

최장집(고려대학교 명예 교수), "우리의 소원은 통일이 아니다",
「시사인」, 2018년 5월 28일

정치학자 최장집은 북한은 북한대로, 남한은 남한대로 독자적 국가 체제를 제도화했고, 국민이 이를 수용한 상태이기 때문에 통일은 불가능하다고 봅니다. 한국 국민이 북한 체제를 일부라도 받아들이는 상황은 상상할 수 없으며 어느 한쪽이 파괴되지 않으면 통일이 불가능한 구조라는 것입니다.

"우리 청년 세대의 북한과 통일에 대한 거부감은 단순히 어떤 '북한 바로 알기' 운동이나 '통일 교육'의 부재 탓이 아니다. 많은 우리 청년들은, 북한이 우리 사회와는 너무도 이질적인 질서와 사회 운영 원리를 가진 별종의 나라라고 여기면서, 성급한 통일은 우리 사회에 축복이 아니라 오히려 대재앙을 가져다주리라고 걱정한다. 이런 인식은 사실 크게 잘못된 것도 아닌데, 우리는 이제 이들 미래 세대를 위해서라도 한반도 문제에 대한 새로운 접근법을 발전시켜야 한다. 비현실적일 뿐만 아니라 바람직해 보이지도 않는 통일이 아니라, '하나의 민족, 두 개의 국가'라는 원칙에 기초하여 한반도 평화 체제를 지향하는 새로운 패러다임을 만들어 가야 한다."

장은주(영산대학교 교수), "통일을 위해 통일을 잊자",
「프레시안」 시민정치시평, 2018년 2월 14일

영산대학교 교수 장은주는 '북한이 우리와는 너무 이질적인 질서와 사회 원리를 가진 별종의 나라'라는 청년 세대의 생각을 소개합니다. 그래서 통일이 구체적으로 어떻게 실현될 수 있을지 의문이라고 합니다. 남한에 의한 흡수 통일도, 북한에 의한 적화 통일도 아닌 두 체제의 수렴을 통한 통일이라고 하더라도 "민주주의와 세습 독재 체제가 어떻게 수렴할 수 있을지 상상하기 힘들다."고 합니다. 그의 말을 듣고 보니 통일의 최종 단계가 머릿속으로 잘 그려지지 않는 것도 사실입니다.

한국 정부의 공식 통일 방안에는 남북 연합을 구성한 뒤 여건이 무르익으면 통일 헌법을 마련하고 헌법에 따른 총선거를 실시해 통일 정부와 국회를 구성하도록 되어 있습니다. 남북 연합까지는 갈 수 있다 하더라도 통일 헌법을 마련하는 과정에 이르러서는 어떤 형태로든 단일 체제가 필요할 것입니다.

이 대목에서 여러 가지 의문이 떠오릅니다. 70년 넘게 다른 체제에서 살아온 남북이 체제를 단일화하는 것이 과연 가능할까요? 북한의 수령 독재 체제는 어떻게 해야 할까요? 이를 그대로 유지하면서 통일하는 건 불가능하지 않을까요?

> "이념이 다른 분단 국가의 통일 방식은 평화적이건 전쟁을 통해서이건 흡수 통일 이외에는 가능하지 않다는 것을 독일, 베트남, 예멘 등의 사례들이 증명해 주고 있다. 즉 분단 국가의 통일은 어느 일방의 체제가 붕괴되어야 가능한 것이다. (중략) 문제의 핵심은 우리가 우리의 자유민주주의 체제를 포기하지 못한다는 것을 전제로 할 때, 과연 북한 정권이 자신의 체제를 포기할 수 있는가 하는 것이다. 만일 북한 정권이 진정 남북통일을 원한다면, 지금이라도 당장 북한의 정치 체제를 포기하고 흡수되어야 한다."
>
> 권오중(외교국방연구소 연구실장), "6·15남북공동선언과 햇볕정책의 실제적 의미와 목적", 자유기업원 홈페이지, 2019년 1월 24일

보수 쪽 연구자인 권오중은 위의 글에서 "북한 정권의 의도는 적화

통일이 아니라면 체제 유지이다. 북한 정권은 절대로 자신의 체제를 포기할 의사가 없다."고 합니다. 그래서 북한 체제가 붕괴되고 한국에 흡수 통일되는 것 외에는 방법이 없다고 합니다.

다른 하나는 북한의 핵 문제입니다. 북한은 체제 보장을 위해 핵 개발을 추진해 왔고 이로써 국제 사회의 제재를 받아 왔습니다. 미국과의 적대 관계도 핵 때문에 해소되지 않습니다. 남북이 통일되려면 이 문제가 해소되고 북한에 대한 제재가 완전히 풀려 정상 국가가 되어야 합니다. 하지만 북한과 미국의 핵 협상은 30년 가까이 되었는데도 여전히 풀릴 기미가 안 보입니다. 협상이 타결된다고 해도 완전한 비핵화에 이르기까지는 오랜 시간이 걸립니다.

보수 세력은 "핵을 보유하고 있는 북한과 통일은커녕 공존할 수도 없다."라고 합니다. 북한은 미국이 체제 안전을 보장해 줘야 핵을 포기할 수 있다고 하는 반면, 미국은 핵을 포기하면 체제 안전을 보장해 주겠다고 합니다. 마치 '닭이 먼저냐, 달걀이 먼저냐'는 논쟁을 보는 것 같습니다. '불신의 꼬리 물기'가 계속되어 북핵 문제가 해결될 수 있을지 의문스러울 정도입니다. 북핵 문제를 들여다보면 볼수록 북한 체제와 통합할 가능성을 의심할 수밖에 없는 노릇입니다.

"어쩌면 통일을 위해서는 통일이라는 말을 아예 잊어버리는 것이 좋을지도 모른다. (중략) 지금 우리에게 절실하게 필요한 건 비현실적인 통일에 대한 전망이 아니라 한반도에 서로 이질적인 두 국가의 지속적인 평화 공존을 보장할 국제 질서와 그것을 뒷받침할 국내 정치다."

장은주, "통일을 위해 통일을 잊자", 「프레시안」

시민정치시평, 2018년 2월 14일

민족이기 때문에 통일해야 한다는 감상적인 기분으로 무리하게 통일을 추진하기보다는 서로 다른 체제를 인정하고 평화로운 분단 상태를 유지하면서 공동의 이익을 꾀하는 것이 바람직하다는 것입니다.

3. 남남갈등을 극복하기 어렵다

남북이 가까워질수록 한국 사회의 분열은 심해진다

요즘 언론에는 '남남갈등'이라는 말이 자주 등장합니다. 김대중 정부의 대북 정책에 대한 찬반으로 촉발된 남남갈등은 문재인 정부 들어 더 격렬해지는 느낌입니다. 2018년 남북정상회담에서 채택된 '판문점 선언'을 지지하는 국회 결의안은 자유한국당의 반대로 채택되지 못했습니다. '9·19 평양 공동선언'에 대해서도 보수 야당은 잘못된 합의라며 비판합니다. 김대중 정부 때는 금강산 관광이나 개성 공단 조성이 '대북 퍼주기'라는 비판을 받았습니다.

한 번 속으면 속인 놈이 나쁜 놈이고 두 번 속으면 속은 사람이 바보고
세 번 속으면 그때는 공범이 됩니다. 여덟 번을 속고도 아홉 번째는 참
말이라고 믿고 과연 정상회담을 한 것일까요? 우리 민족끼리는 문제가
없는데 미국이 문제라는 시각이 북측과 주사파들이 남북 관계를 보는
눈입니다. 본질을 이야기하는데 걸핏하면 색깔론을 들먹이는 저들의
음해 공작에 넘어가는 사람들도 있지만 깨어 있는 국민들도 많다는 것
을 알아야 합니다. 히틀러의 위장 평화 정책에 놀아난 체임벌린보다
당시는 비난받던 처칠의 혜안으로 자유 대한민국을 지키겠습니다.

- 홍준표(전 자유한국당 대표), 홍준표 '페이스북', 2018년 4월 29일

홍준표 전 자유한국당 대표는 2018년 4월 27일 판문점 남북정상회
담에 대해 "남북정상회담은 김정은과 문 정권이 합작한 남북 위장 평
화쇼에 불과했다. 북핵 폐기는 한마디도 꺼내지 못하고 김정은이 불러
준 대로 받아 적은 것이 남북정상회담 발표문이다."라고 비판했습니다.
하지만 판문점 선언에는 "완전한 비핵화를 통해 핵 없는 한반도를 실
현한다는 공동의 목표를 확인했다."는 내용이 포함되어 있습니다. 또
정상 회담 다음 날인 4월 28일 「노동신문」은 전날의 정상 회담을 전하
면서 '비핵화'에 합의했다는 내용도 보도했습니다.

한국 사회의 보수 기득권 세력은 분단 체제 아래에서 이득을 보며
살아 왔습니다. 안보를 앞세우고 독재 체제를 지지하며 권력을 누려
온 '분단 기득권' 세력입니다. 분단 기득권 세력은 해방 직후 친일파와

2018년 2월 보수 단체가 집회를 한 뒤 광화문 앞을 행진하고 있다.

대지주, 분단이 되어야 정권을 잡을 수 있는 정치 세력을 그 기원으로 합니다.

분단 기득권 세력은 해방 후 '적산 불하' 과정에서 성장하기 시작합니다. 일제가 전쟁에 패망하자 조선에 거주하던 일본인들은 자산을 그대로 남기고 떠났습니다. 이를 '적산(敵産)'이라 하고 민간에 매각하는 것을 '적산 불하'라고 합니다. 적산은 조선 사람들을 쥐어짜며 쌓아올린 자산인 만큼 새 정부 소유로 해서 국가 재정을 튼튼히 하는 데 쓰여야 했습니다. 하지만 미군정과 이승만 정부는 이를 민간에 매각했습니다.

이 과정에서 현대그룹 정주영 회장 등 오늘날 대기업을 일군 청년 기업인들이 혜택을 보기도 했지만, 미군정이나 이승만 정부에 줄을 댄

소수 자본가가 부당한 이득을 챙기는 폐해가 적지 않았습니다. 적산을 매각하는 과정에서 우익 정치인들이 영향력을 행사했고, 이들을 후원하는 친일 자본가들에게 집중 분배된 것입니다. 자본가들은 그 대가로 정치 자금을 제공했습니다. 한국의 고질적 병폐인 정경 유착이 이때부터 생겨나 이승만 정부를 거쳐 박정희 군사 정부로 이어지게 됩니다.

일제 강점기 일본에 적극 협력했던 세력은 해방 후 좌우 대립이 극심한 상황에서 반공에 앞장서며 친일 경력을 지우고 건국 세력으로 둔갑했습니다. 게다가 적산 불하라는 기회를 잡아 돈과 권력을 쥐면서 기득권 세력으로 성장했습니다.

한국전쟁 이후로는 미국의 영향력이 커집니다. 한국은 전쟁 이후 수십 년에 걸쳐 막대한 예산을 들여 미국 무기를 구매해 왔고, 지금은 세계 4위의 미국 무기 수입국이 되었습니다. 한국 정부도 국내 기업들을 지원하며 방위 산업을 성장시켜 왔습니다.

이런 과정에서 미국과 한국 기득권층의 이해관계가 점차 일치하게 됩니다. 남북이 화해하면 자연히 불리해질 수밖에 없는 이들이 늘어나게 된 것입니다. 이들은 그래서 대북 화해 정책에 목청을 높여 반대하고, 남북 화해를 추진하는 세력을 주사파, 빨갱이, 간첩 등으로 몰아갑니다.

"문재인 대통령의 어록을 살펴보면 그분은 전향한 흔적이 전혀 없습니다. 국민의 동의도 없이 언론의 동의도 없이 혼자서 새벽에 38선, 휴전 여기에 지역감정 같은 해묵은 갈등이 겹쳐 감정적 차원으로 치닫기도 합니다. 대북 화해 협력 정책에 대해 호남 쪽 지지가 상대적으로 높은 것을 두고 '전라도=빨갱이'라는 식의 혐오 발언이 등장하기도 합니다.

한국 사회의 남남갈등은 오랜 독재 체제 아래에서 억눌려 왔던 다양한 의견이나 사상이 민주화 과정에서 분출되면서 나타난 측면이 있습니다. 그러나 근본적 요인은 식민지 경험과 해방, 남북 분단과 좌우 대립, 한국전쟁과 남북 체제 대립입니다. 당시에도 격렬하게 맞붙었던 보수와 진보 세력이 지금까지도 북한 문제나 대미 정책 등에서 사사건건 대립하는 것입니다. 어느 사회나 갈등이 있다지만 한국의 정치권은 이런 갈등을 해소하는 모습을 보이지 못하고 있는 것이 현실입니다.

통일은 기나긴 과정입니다. 정부의 공식 통일 방안인 '민족공동체통일방안'에 따르면 3단계로 되어 있는 통일 과정에서 지금은 1단계인 '화해 협력' 단계 초입에 있습니다. 화해 협력 정책이 본격화된 김대중 정부 이후 21년이 지났지만 한국 사회는 여전히 북한의 실체를 인정하지 않고 있습니다. 한국의 대법원은 여전히 북한을 반국가 단체로 규정합니다. '정부를 참칭하거나 국가를 변란할 것을 목적으로 하는 국내외 결사 또는 집단으로 지휘 통솔 체제를 갖춘 단체'를 반국가 단체로 규정한 국가보안법 때문입니다.

1987년 6월 항쟁 이후 국가보안법 폐지가 거론되기 시작했고, 김대중·노무현 정부 때 정치권에서 개정·폐지 논의가 있었지만 실패했습니다. 이제는 말을 꺼내기조차 어려울 정도입니다. 이해찬 더불어민주당 대표가 2018년 10월 방북 때 "평화 체제가 되려면 국가보안법을 어떻게 할지 논의해야 한다."라고 했다가 야당의 집중 공격을 받기도 했습니다. 북한도 여전히 조선노동당 규약 서문에 "전국적 범위에서 민족 해방 인민민주주의 혁명 과업을 실천"한다는 '적화 통일' 규정을 고치지 않고 있습니다.

남과 북은 민족 경제의 균형적 발전과 공동 번영을 이룩하기 위하여 10·4선언에서 합의된 사업들을 적극 추진해 나가며 1차적으로 동해선 및 경의선 철도와 도로들을 연결하고 현대화하여 활용하기 위한 실천적 대책들을 취해 나가기로 하였다.

- '민족경제의 균형적 발전'이 무슨 뜻인지 묻고 싶다. 북한 경제를 한국 수준으로 성장시키겠다는 의미인가?
- 문제! 정부는 '10·4선언 합의 사업'과 '동해선 경의선 철도와 도로 연결과 현대화'를 명시함으로써 우리 국민들에게 엄청난 경제적 부담을 지우게 되었다.
- 노무현 정부 당시 통일부가 추산한 10·4선언 이행에 필요한 자금이

14조 3,000억 원이었다. 그런데 실제로는 100조 원 이상이 들어갈 것
이라는 전문가 평가도 있다. 이에 더하여 경의선 동해선 도로·철도 현
대화에도 천문학적 예산이 수반될 것이다.

– 자유한국당은 이러한 대북 지원은 북한 비핵화 목표가 완전히 실현된
이후에 추진되어야 하며, 국민적 동의가 반드시 필요하다는 입장이다.

– 자유한국당, '2018 남북정상회담 관련 입장'

　　남북 경제 협력을 본격화하려면 철도와 도로를 연결해야 하는데 여
기에는 적지 않은 돈이 들어가게 됩니다. 그러자 보수 야당과 보수 언
론들은 판문점 선언 직후부터 '천문학적인 대북 퍼주기'라고 비판합니
다. 그러나 우리 경제에 도움이 되는 '투자'이고, 외국의 투자 유치도
가능하다는 점은 주목하지 않습니다. 앞으로 '남북 연합' 같은 더 큰 의
제가 등장하면 갈등은 한층 커질 것입니다.

　　'보수 남한'과 '진보 남한'이라는 두 개의 한국으로 갈라져 있는 상황
을 극복하지 않고 남북통일을 추진할 수 있을까요? 남북문제 외에도
숱한 문제를 끌어안고 있는 한국 사회가 국민을 통합해서 전진해 나갈
힘이 있을까요? 한국 사회의 통합 없는 통일은 재앙을 가져올 수도 있
습니다.

4. 남북의 약자들은 더욱 힘들어진다

한 핏줄이니까 통일해야 한다는 주장은 이제 식상합니다. 한 민족이 여러 나라로 나뉜 사례도 적지 않은데다 같은 민족이라고 하기에 북한은 이미 너무 달라졌기 때문입니다. 이산가족의 한을 풀어야 한다고 하지만, 이미 고령화하면서 이산가족 1세대의 숫자는 수만 명에 불과합니다. 통일이 아니라 자유 왕래 정도만 실현되면 그분들 한은 풀어 드릴 수 있습니다.

통일되면 남한의 자본과 기술, 북한의 노동력과 지하자원이 결합되어 시너지 효과를 내고 경제에 새로운 돌파구가 열릴 것이라는 주장도 그럴듯해 보이지만 과연 좋기만 할까요? 한국의 기업들이 대거 진출해서 북한을 '내부 식민지'처럼 만들 우려는 없을까요? 경쟁 만능주의에 빈부 격차가 심각한 한국 사회를 가리켜 '헬조선'이라는 말을 하는데, 북한이 '제2의 헬조선'이 될 우려는 없을까요?

개성 공단 기업인들은 북한의 노동력이 저렴하고 우수하다고 평가합니다. 손재주가 있고 일에 적응하는 속도도 빠른데다 말이 통하니 기업인들로서는 나쁠 이유가 없습니다.

그런데 남북 경제 협력으로 한국 기업들이 임금이 저렴한 북한 노동자들과 결합하는 것이 한국 노동자들에게 좋은 일일까요? 기업들은 크게 이익을 보겠지만 한국 노동자들의 일자리는 더 줄어들지 않을까요? 북한에 진출한 한국 기업에서 일하는 북한 노동자들은 혹시 '갑질'

에 시달리지는 않을까요?

> "저는 통일에 반대합니다. 지금의 방식으로는 북한이 자원과 값싼 노동
> 력을 제공하게 됩니다. 그러면 북한 사람들은 통일의 피해자가 됩니다.
> 제가 북한에 살고 있는 북한 주민의 입장이라면 '왜 우리 자원을 남한
> 한테 싸게 줘야 해요?'라고 생각할 것 같습니다."
>
> 주승현, 『조난자들』

　2015년 8월 한 탈북 청년은 한국 청년들과 함께 통일에 대해 대화하는 특집 방송에서 이렇게 말했습니다. 방송이 나간 뒤 이 청년은 흥분한 네티즌들의 악성 댓글에 시달렸고 개인 신상 정보까지 추적당하면서 한동안 은신해야 했다고 합니다. 그런데 한국에 와서 차별을 경험한 탈북인 중 상당수가 이런 생각을 하는 듯합니다. 자기가 겪은 차별을 고향 사람들이 받을 걸 생각하면 통일이 반가울 리 없을 것입니다.

> 세계에서 둘째가라면 서러운 자존심과 자존감으로 똘똘 뭉친 북한 사
> 람들이 지금의 한국 사회에 만연한 탈북민에 대한 차별과 배제를 목격
> 하고, 자신들을 향한 천민 자본주의적 행태를 경험한다면, 가까스로 통
> 일을 이뤄 내더라도 그 통일은 오래가지 못할 것이다.
>
> 주승현, 『조난자들』

소설가 장강명은 한반도 남북에 사는 모두가 '좋은 삶'을 살기 위한 관점에서 통일을 바라봐야 한다고 강조합니다. '좋은 삶'으로 가기 위해 통일이 필요한 수단이라면 모르지만, 그렇지 않다면 군이 통일할 필요가 없지 않느냐는 것입니다. 통일은 목적이 아니라 수단이어야 한다는 것입니다.

> "한반도가 좋은 미래로 가는 과정은, 내가 좋은 삶을 사는 길이기도 해야 한다. 남북 화해 협력은 한반도에서 사는 개개인에게 이익이어야 한다. 또한 특정 계층의 희생을 바탕으로 총합이 더 커지는 노선이라면 지름길도 거부해야 한다."
>
> 장강명, 「중앙일보」, 2018년 10월 3일

이 책을 쓰기 위해 2019년 5월 장강명 작가를 만나 조금 더 이야기를 들어봤습니다. 그는 좋은 삶을 살기 위해서는 급변 사태가 일어나지 않도록 해야 한다고 강조합니다.

> "한반도 정세는 예전이나 지금이나 불안하고 급변 사태가 생길 수 있습니다. 그 최악은 전쟁일 거고 북한의 붕괴도, 갑작스러운 통일도 급변 사태입니다. 어느 사회도 급변 사태가 일어나면 약자들이 가장 피해를 입게 마련입니다. 그러니 당연히 평화가 전쟁보다 좋은 것입니다. 제일 좋은 전쟁보다 제일 나쁜 평화가 더 좋습니다. 북한이 갑자기 붕

괴해서 독일 때처럼 북한 주민들이 대거 내려온다면 그들도 불행하고 한국 사회의 약자들도 피해를 보게 됩니다."

그렇지만 장강명은 우리 사회가 통일에 크게 무게를 둘 필요는 없다고 봅니다. 우리 삶을 규정하고, 영향을 미치는 문제들은 분단에서 왔다기보다는 세계화에서 비롯한 문제이기 때문이라는 것이죠. 통일이 중요한 과제이긴 하지만, 통일이 모든 문제를 해결해 줄 것인 양 크게 기대해선 안 된다는 것입니다.

"예를 들어 기후 변화, 글로벌 기업들의 세금 회피, 로봇 등장으로 인한 일자리 감소 같은 문제들은 한 국가에서 해결하기 어려운 것이지만, 이런 것들이 청년들의 삶에 갈수록 큰 영향을 미칩니다. 통일이 된다고 이런 문제들이 해결되는 것은 결코 아니고, 이런 문제들의 심각성에 비한다면 통일은 사소한 문제일지도 모르는 것이죠. 물론 한반도 정세의 급변 사태는 일어나지 않도록 관리해야 하겠지만, 지금 청소년들에게 '우리의 소원은 통일'은 분명히 아닐 것입니다."

마지막으로 박명림 연세대학교 교수의 말을 들어 볼까요? 박명림 교수는 "통일을 내려놓는 데서부터 참된 평화가 솟아난다."고 합니다. 통일을 내세우지 않았던 동서독이 결국 통일을 성취한 점을 주목해 봐야 한다고 합니다.

"동서독은 통일을 표면에 내세우지 않고 상호 교류와 평화 공존, 정보 개방을 중시했다. 항상 유럽 평화와 유럽 통합의 가치와 기치 아래 독일 문제 및 동서독 문제를 접근했다. 교류 협력이 자유로울 수 있었고, 또 결정적인 순간 주변국들의 협조를 받아낼 수 있었던 이유다. (중략) 또, 민주주의와 복지 국가를 향한 서독의 오랜 준비야말로 동독 인민들의 선택을 가능하게 해 준 가장 철저한 통일 준비이자 가장 체계적인 통일 정책이었다."

박명림, 「연합뉴스」, 2019년 1월 24일 인터뷰

5. 주변 강대국들은 통일을 원하지 않는다

미국이나 중국, 일본은 한반도 통일을 어떻게 생각할까요? 미국의 속내를 엿볼 수 있는 흥미로운 사례가 있습니다. 미국 오바마 대통령 시절 국무장관을 지낸 힐러리 클린턴이 2013년 세계적인 금융 회사 골드만삭스에서 한 비공개 연설을 폭로 전문 매체 위키리크스가 공개한 적이 있습니다.

당시 클린턴은 "우리는 한반도의 통일은 바라지 않는다. 다만 북한이 남북 관계를 완전히 깨뜨릴 정도의 사고만 치지 않으면 된다."라고 했습니다. 클린턴은 북한이 없어지는 것은 미국의 국익에도 어긋난다면서 "북한이 한반도의 지정학적 위험을 적절히 유지하면서 미국의 존재감을 부각시키고 있다.”고 했습니다.

골드만삭스 회장 로이트 블랑페인이 “핵이든 경제적 가치든 그 어떤 동기를 부여해도 중국 역시 한반도 통일을 원하지 않는 것은 마찬가지다.”라고 하자 클린턴은 “중국의 전통적 대북 정책이 바로 그것이다.”라고 맞장구쳤다고 합니다.

클린턴의 연설로 미뤄 본다면 미국을 이끌어 가는 엘리트들은 한반도의 분단이 유지되기를 희망하고 중국도 비슷한 생각을 하는 것으로 볼 수 있습니다. 세계 양대 강국인 미국과 중국이 한반도 통일에 반대한다는 점은 충격이 아닐 수 없습니다. 미국과 중국이 통일을 반대하는 이유는 남북이 통일되어 통일 한국의 위상이 커질 경우 수십 년간 유지되어 온 동북아 질서가 흔들리게 되는 것을 원하지 않기 때문일 것입니다.

특히 통일 한국에 위협을 느끼는 곳은 일본일 것입니다. 일본은 근대화 이후 한반도를 ‘일본 열도의 옆구리를 노리는 단검’으로 비유하면서 한반도 자체가 일본의 안전 보장에 위협이라는 논리를 전개합니다. 이는 중국과 러시아 등 대륙의 패권 세력이 한반도를 차지하기 전에 일본이 먼저 한국을 제압해야 한다는 침략론으로 이어졌고, 일본의 조선 강점이라는 결과를 빚었습니다. 지금도 일본의 보수 우익 인사들은 이런 논리를 펼칩니다.

일본의 ‘사사카와재단’이 미국에 세운 ‘사사카와유에스에이’의 제임스 켄달 연구원은 2016년 ‘일본과 남북한 통일’이라는 글에서 일본은

"통일되고 핵무기를 보유한 한반도보다는 분단된, 그러나 안정된 한반도를 선호한다."라고 했습니다. 특히 분단된 한반도는 '일본의 심장을 겨눈 단검'의 칼자루가 부러진 것을 의미한다고도 했습니다. 분단 상태가 일본의 안전 보장에 유리하다고 노골적으로 밝힌 셈입니다.

미국의 무기 산업체도 당연히 한반도가 분단되어 있고, 남북 긴장 상태가 유지되는 것이 자신들의 이해관계에 유리하다고 봅니다. 이 무기 산업체들은 미국의 정계와 학계, 싱크탱크로 불리는 각종 연구소 등을 지원합니다. 미국에서 북한의 군사적 위협을 부풀리는 견해들이 많이 나오는 데는 이런 사정이 있습니다.

북한이 핵과 미사일로 동아시아의 긴장을 높인다는 인식이 확산되면 일본과 한국은 방위비를 늘려 미국의 첨단 무기들을 구매하게 됩니다. 한국은 세계 4위의 미국 무기 수입국입니다. 한반도 평화와는 반대 방향으로 움직이는 군수 자본이 미국 정계에 상당한 영향력을 행사하는 현실이 달라지지 않는 한 한반도 통일은 어려운 이야기입니다.

지금까지 통일에 반대하는 이유들을 살펴봤습니다. 찬찬히 살펴보면 통일을 반기지 않는 사람들도 있지만, 통일을 하기 어렵게 하는 여건들이 적지 않다는 점들도 알 수 있습니다. 여기서 잠시 바깥으로 눈을 돌려 보면 어떨까요. 다음 장에서는 우리와 비슷한 형편이던 나라들이 어려움을 극복하고 통일을 이룬 과정을 살펴보겠습니다.

분열을 키운 가짜 뉴스들

제2차 세계 대전이 끝난 뒤 연합국인 미국, 소련, 영국은 1945년 12월 소련의 모스크바에서 외무장관 회의를 열고 한반도 문제를 협의했습니다. 3국 외무장관은 한반도에 대해 "최대 5년을 기한으로, 미·영·소·중 4개국 정부가 신탁 통치를 실시한다."고 합의했습니다. 신탁 통치라고는 하지만 한국인이 임시 정부를 수립하고, 임시 정부가 신탁 통치의 시한과 시행 방안 등을 미·영·중·소 4개국과 협의하도록 한 것입니다. 주권은 임시 정부에 있고, 4개국은 임시 정부를 후원하는 역할만 하도록 했습니다. 조선 총독부가 설치되어 한국 민중을 억압한 일제 강점기와는 전혀 다른 것이죠. 신탁 통치 기간과 주권 문제에 대해서도 미국은 최대 10년, 최소 5년의 신탁 통치를 하며 4개국의 협의 기구가 통치권을 갖도록 하는 안을 주장했으나 소련의 반대로 '최대 5년, 통치권의 임시 정부 귀속'으로 정해졌습니다.

그런데 1945년 12월 27일자 「동아일보」는 1면에 "외상 회의에 논의된 조선 독립 문제, 소련은 신탁 통치 주장, 소련의 구실은 삼팔선 분할 점령. 미국은 즉시 독립 주장"이라는 제목을 달아 대문짝만 하게 보도했습니다. 신탁 통치 방안을 먼저 꺼낸 것은 미국인데도 「동아일보」는 거꾸로 소련이 제의한 것으로 조작했습니다. 이 가짜 뉴스가 한국 사회에 엄청난 파장을 몰고 왔습니다. 「동아일보」 보도가 기정사실로 받아들여지면서 한국 사회는 좌익 및 중도파의 '찬탁(신탁 통치 찬성)'과 보수 우익의 '반탁(신탁 통치 반대)'으로 갈라져 혼란이 극에 달했습니다. 잘못된 보도 탓에 '찬탁'을 주장하는 좌익에 대한 국민의 감정도 급격히 나빠졌습니다.

이 상황에서 임시 정부를 수립하기 위해 미·소 양군 사령부로 출범한 미소공동위원회는 겉돌다가 좌초해 버립니다. 통일 독립을 이룰 기회를 날리고 남북 단독 정부 수립 및 영구 분단으로 이어지게 된 데 이처럼 의도적 왜곡 보도가 결정적 역할을 한 것입니다. 게다가 반탁-반소-반공 운동은 친일파가 애국자로 변신하는 계기를 만들어 주었고,

그중 상당수가 '대한민국 건국 공로자'가 됩니다.

언론들의 가짜 뉴스는 이후에도 남북 관계에 큰 영향을 미칩니다. 1986년 11월 16일자 「조선일보」는 김일성 주석 암살설 기사를 싣습니다. 도쿄 특파원이 떠도는 소문을 듣고 쓴 기사이지만 여타 신문은 확인도 하지 않고 경쟁적으로 따라갑니다. '김일성 피격 사망', '열차에서 총을 맞았다', '폭탄에 당했다', '쿠데타가 발생했다'는 보도가 난무했습니다. 하지만 보도가 나온 지 사흘 뒤 김일성 주석이 평양 공항에 나타나 몽골 주석을 영접하는 장면이 텔레비전에서 방영됩니다. 이런 보도가 남북 관계에 부정적 영향을 미칠 거라는 건 뻔한 일 아닙니까? 북한 신문에서 멀쩡히 살아 있는 한국 대통령을 두고 사망했다고 보도했다면 어떻겠습니까?

북한에 대한 가짜 뉴스는 지금도 계속되고 있습니다. 2013년 8월 29일자 「조선일보」는 '현송월 등 북한 예술단 단원들이 문란한 사생활 탓에 총살당했다'고 보도했지만 현송월 단장은 평창 동계 올림픽 때 삼지연관현악단을 이끌고 서울에 나타났습니다.

가끔 정부가 언론들의 오보를 유도하기도 합니다. 박근혜 정부 때인 2016년 2월에는 '북한 리영길 처형'이라는 보도 자료를 냈습니다. "리영길이 종파 분자이고 세도 비리로 처형"되었다면서 "김정은에 대한 군부의 불안감을 반영하는 결과"라는 내용이었지만 리영길은 석 달 뒤 열린 북한 조선 노동당 제7차 당대회에서 노동당 정치국 후보 위원으로 선출되며 건재함이 확인되었습니다.

언론의 북한 관련 보도를 두고 '세계적으로 부활 사건이 가장 많이 발생하는 나라는 북한'이라는 우스갯소리가 있을 정도입니다. 언론의 반성과 변화 없이 남북 관계의 발전을 기대하기란 쉽지 않아 보입니다.

4부

—

통일, 어떤 방법이 좋을까

우린 다른 적이 없어요

잊지 말아요 그 사실 하나만

우리 충분히 그리워했죠

지금 만나요 나 가고 있어요

한번 더 우리 또 기억해요

한번 더 우리 노래 불러봐요

하나되는 그날 가슴 벅차 오를

꿈을 위해

I want you 자 손을 잡아요

그대와 나

오오오오 one dream for one Korea

-김이나 작사, '원 드림 원 코리아'

이번에는 통일로 가는 길들을 살펴봅니다. 정부가 공식적으로 채택하고 있는 '한민족공동체통일방안'이 있지만, 여기서는 다른 나라들의 경험을 토대로 다양한 경로를 상상해 보고자 합니다. 제2차 세계 대전 패전 이후 한국과 비슷한 처지였던 오스트리아가 중립화로 통일 독립을 이뤄낸 사례, 정치 상황의 변화에도 흔들림 없이 화해 정책을 추진해 마침내 통일을 달성한 독일의 경험에서도 교훈을 찾을 수 있습니다. 외침의 위기를 영세 중립화로 돌파한 스위스, 중립화로 통일 독립을 달성한 오스트리아의 지혜는 강대국들에 둘러싸인 한반도의 상황에서 음미할 가치가 큽니다.

1. 분단을 피한 나라 오스트리아

한반도와 닮은 꼴, 오스트리아가 택한 길

우리의 분단이 이렇게 길어진 이유는 무엇일까요? 외세 탓도 있겠지만 분단을 극복하려는 내부 노력이 실패하면서 전쟁의 비극으로 치달

앓기 때문일 것입니다. 제2차 세계 대전의 패전국이었지만, 4개 연합국에 분할될 위기를 정치권의 노력으로 극복한 오스트리아의 역사를 살펴보겠습니다.

오스트리아라고 하면 19~20세기 찬란한 유럽 문화와 지성의 중심지였던 수도 빈을 떠올리는 사람들이 많습니다. 볼프강 아마데우스 모차르트, 요제프 하이든, 구스타프 말러, 요한 슈트라우스 2세 등 음악의 거장들을 배출한 나라이기도 하죠. 하지만 오스트리아의 20세기 전반은 어두웠습니다. 한때 중부 유럽을 석권했던 거대한 제국이 제1차 세계 대전 패전으로 하루아침에 알프스 산간의 약소국으로 전락했습니다. 더구나 같은 뿌리였던 독일과의 합병도 강대국의 반대로 실패하면서 국민들은 깊이 좌절했습니다.

나라의 운명이 나락으로 빠졌는데도 오스트리아 정치가들이 갈등과 대립을 되풀이하면서 혼란이 더 가중됩니다. 이런 가운데 1930년대 유럽을 휩쓴 경제 공황과 대량 실업을 틈타 히틀러의 독일국가사회주의, 즉 나치가 오스트리아의 민족주의 진영을 장악합니다. 오스트리아는 1938년 나치 독일제국에 합병되었고, 제2차 세계 대전에 휩쓸리게 됩니다.

1945년 패전으로 오스트리아는 독일 지배에서 벗어나지만 1955년까지 10년간 미국, 영국, 프랑스, 소련 등 4개 연합국 군대의 분할 통치를 받게 됩니다. 다만, 당시 한반도와 다른 것은 오스트리아에서는 연합국 군정과 오스트리아 독립 정부가 함께 존재했다는 점입니다. 패전이 확정되기 직전 노회한 정치가 카를 레너가 친나치 계열을 제외한 모든 정파를 균형 있게 조합한 임시 정부를 재빨리 구성해 오스트리아 공화국을 선포한 것입니다. 카를 레너는 일제 패망 직후 건국준비위원회를 조직하고 여러 정치 세력의 통합을 통한 민족 국가 건설을 추진하던 민족 지도자 여운형을 연상케 합니다.

당시 소련을 제외한 나머지 3개 연합국은 사회주의 정치인인 레너가 주도하는 임시 정부에 부정적이었고, 승인하지 않았습니다. 하지만 각 정파의 폭넓은 신뢰를 얻고 있던 레너가 동분서주하면서 1945년 10월이 되면 임시 정부 관할권은 전국으로 확대됩니다. 모든 연합군이 임시 정부를 승인한 것입니다. 이로써 4개 연합국 군대에 분할 점령된 오스트리아가 정치적으로 분열되는 일은 피하게 되었습니다.

1945년 11월 총선에서 보수계 국민당이 50퍼센트를 득표해 제1당이 되고 진보 계열 사회당은 45퍼센트를 차지했습니다. 보통이라면 국민당이 단독 정부를 구성하게 마련이지만 오스트리아 정치권은 5퍼센트를 득표한 공산당을 포함해 3당이 연립해 정부를 구성합니다. 이른바 '집중 정부'가 탄생한 것입니다. 외세의 영향력이 큰 비상시국에서 나라의 분열을 막기 위해 정치권이 빛나는 결단을 한 셈입니다.

오스트리아 정부는 이후로도 능동적으로 국난을 타개합니다. 소련의 반대에도 1947년 미국이 주도하는 마셜 플랜에 참여함으로써 극심한 경제난을 극복합니다. 또 소련이 점령 지역 내 광산, 산업 시설 등을 배상 명목으로 몰수하려 하자 그에 맞서 국유화 조치를 내립니다. 보수 국민당은 사회주의 정책인 국유화를 받아들였고, 사회당도 서방이 주도하는 마셜 플랜을 수용합니다. 정치권이 이념에 얽매이지 않고 유연성을 발휘함으로써 오스트리아 임시 정부의 영향력은 확대되었고, 패전 이후 재건 작업이 순조롭게 이뤄졌습니다.

당시 오스트리아의 목표는 외국 군대의 점령 상태를 한시라도 빨리 끝내 나라의 분열을 막고 주권을 회복하는 데 있었습니다. 국민당-사회당 연립 정부도 협력을 아끼지 않았습니다.

마침내 10년에 걸쳐 협상한 오스트리아는 1955년 국가 주권을 회복했습니다. 이때 통일을 달성하기 위해 오스트리아가 짜낸 아이디어가 '중립화'였습니다.

'중립화'라는 묘안

지도를 보면 오스트리아가 유럽 한가운데에 있음을 확연히 알 수 있습니다. 서쪽과 북쪽으로는 스위스와 독일, 남쪽으로는 이탈리아, 동쪽으로는 옛 유고슬라비아 연방과 체코슬로바키아, 헝가리와 이웃하고 있습니다. 동쪽에는 옛 소련이 영향력을 행사하는 사회주의 국가들이 있었습니다. 이런 상황에서 소련, 미국, 영국, 프랑스 등 4개 연합국의 점령을 받게 된 것입니다. 소련은 오스트리아도 사회주의 국가로 만들려는 야심을 숨기지 않았습니다. 그래서 사회주의 계열의 레너가 임시 정부를 수립하자 재빨리 승인한 것입니다.

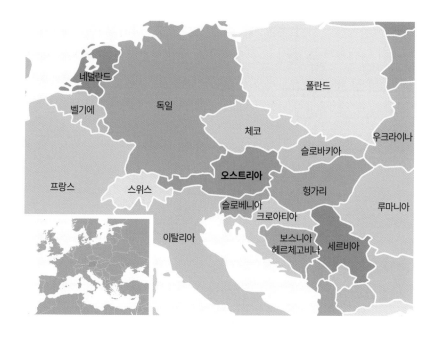

네덜란드

벨기에

독일

폴란드

체코

우크라이나

슬로바키아

오스트리아

프랑스

스위스

헝가리

루마니아

슬로베니아

크로아티아

이탈리아

보스니아
헤르체고비나

세르비아

　하지만 오스트리아의 정치 지도자들은 연합국의 분할 점령이 영구 분단으로 굳어지지 않도록 하려면 내부 통합을 이뤄야 한다는 신념을 갖게 됩니다. 그래서 총선거에서 다수당을 차지한 국민당도 권력을 독차지하지 않고 사회당과 연립해 힘을 모은 것입니다.

　당시 유럽 정세는 혼미했습니다. 1948년 체코슬로바키아가 공산화되었고 1949년에는 미국과 서유럽을 중심으로 하는 북대서양조약기구(NATO)가 출범해 동서 유럽 간 긴장이 격화됩니다. 같은 해 독일이 분단되어 서독이 탄생합니다. 동서 대결이 격화되자 소련은 오스트리아 동부 지역에 대한 점령 상태를 유지하기로 하고 오스트리아가 연합국과 체결하려는 국가 조약 협상도 방해합니다.

　이런 험난한 정세 속에서 오스트리아 정치 지도자들이 들고 나온 것이 '중립화' 방안입니다. 오스트리아가 주권을 회복한 뒤 자본주의와 사회주의 어느 진영에도 가담하지 않는 것은 물론 외국 군대도 주둔시키지 않겠다는 뜻을 밝힌 것입니다. 유럽 정세가 불리해지고 있다고 우려하는 소련을 안심시키기 위해서입니다. 당시 소련은 유럽 한가운데에 있는 오스트리아가 독립하면 서방의 군사동맹인 NATO에 가입할지 모른다는 의구심을 품었습니다. 오스트리아가 중립화하면 소련은 이런 걱정을 덜 수 있는 것이죠.

　오스트리아 정치인들은 기회가 있을 때마다 '중립화' 방안을 국제 사회에 밝히고 지지를 당부했습니다. 멀리 인도까지 찾아가 네루 총리에게 소련을 설득해 달라고 요청하기도 했지요. 이런 노력이 차츰 성과를 거둘 무렵 소련에서 중대한 변화가 생겼습니다. 대외 강경 노선을 걷던 지도자 이오시프 스탈린이 1953년 사망한 이후 외교 정책이 유연해지기 시작한 것입니다. 스탈린의 뒤를 이은 니키타 흐루쇼프는 서방과 평화 공존 외교를 펼치기 시작했고 오스트리아 문제에도 호의적인 태도를 보였습니다.

　마침내 1955년 5월 15일 오스트리아 수도 빈의 벨베데레 궁전에서 오스트리아 외무장관 레오폴드 피글(1902~1965)과 4개 연합국 외무장관이 오스트리아 국가 조약에 서명하게 됩니다. 피글은 막 서명이 끝난 국가 조약 문서를 들고 궁전 발코니로 나와 궁전 앞 광장을 가득 메

오스트리아의 중립화를 주창했던 레오폴드 피글이 1952년 비행기에 오르는 모습이다. 그는 1952년 10월부터 1953년 4월까지 연방총리를 지냈다.

운 국민에게 감격에 찬 목소리로 선언합니다. "오스트리아는 자유다!"

6월 7일 오스트리아 의회는 만장일치로 오스트리아의 영세 중립을 선포하고, 10월 '오스트리아 중립에 관한 헌법'을 통과시킵니다. 10년에 걸친 오스트리아의 독립 노력은 이렇게 해서 성공으로 마무리됩니다.(이상은·안병영, 『왜 오스트리아 모델인가』를 참고했습니다.)

『광장』, 『회색인』 등의 작품으로 한국 근대 정신사의 최고봉에 서 있다는 평가를 받는 소설가 최인훈은 일찌감치 오스트리아와 한반도의 유사성에 주목했습니다. 그는 1967년부터 1976년에 걸쳐 연작 소설 『총독의 소리』를 발표합니다. 일본이 제2차 세계 대전에서 패한 뒤에도 조선 총독이 본국으로 돌아가지 않고 남아 20여 년째 식민지를 회복하기 위해 지하 활동을 벌인다는 가정 아래 쓰였는데, 총독이 지하 요원들에게 보내는 비밀 방송의 형식을 빌려 한반도 현실을 신랄하게 풍자합니다. 최인훈은 이 작품에서 오스트리아와 한반도의 유사성을 다음과 같이 비교합니다.

반도(한반도)가 닮은 형은 바로 오스트리아입니다. ① 법적으로 독일 영토였으나 실질적으로는 강제 합방이었고, 따라서 ② 엄연한 타국이며 ③ 분단된 오스트리아는 아무에게도 위험한 존재가 아니며 ④ 독일의 전쟁 책임도 나누어 질 것을 추구하는 채권자가 아무도 없으며 ⑤ 그 자체로서는 대단치 않으나 주변국의 어느 하나에 또 합병되는 경우에는 세력 균형에 큰 혼란을 준다는 점, 그리고 ⑥ 분할 점령되었다는 점 ⑦ 따라서 민족 안에 국가 장래에 대해 이질적인 전망을 가진 복수의 정치 집단이 조직되었다는 점입니다. 조선 반도(한반도)는 구프랑스령 인도차이나가 아니고 구조적으로 구독령 오스트리아인 것입니다. 따라서 반도의 통일은 베트남 방식으로는 불가능하고, 오스트리아의 건국을 이룬 조건들이 이루어진다면, 반도 또한 통일될 수 있는 것입니다.

(중략) 반도인들은 자신들을 분단 독일에 비유하면서 통일을 논하고, 구프랑스령 인도차이나에 비겨 내란의 전국(戰局)을 말하려 합니다. 염치없고도 눈 없는 자들입니다. 반도는 강국이 아니었고, 반도는 아 제국(일본)의 점령군과 교전한 적이 없습니다. 반도는 독일도, 베트남 도 아니며 가능적(可能的) 오스트리아입니다.

— 최인훈, 『총독의 소리』

대단히 날카롭고 설득력 있는 분석입니다. 한반도 통일을 위해 오스 트리아식 해법을 주장한 최인훈은 그런 맥락에서 1970년대 남북이 합 의한 7·4공동성명을 높이 평가합니다. 7·4공동성명은 남북이 분단 이 후 평화 통일 원칙에 합의한 것으로 자주, 평화, 민족 대단결의 3대 원 칙을 제창했습니다.

지난 1972년의 남북이 합의한 7·4성명이 그것입니다. 7·4성명은 반 도인들의 자주적 건국을 위한 초석을 놓은 것입니다. 이것은 데탕트에 서 얻을 수 있었던 최대의 과실입니다. 여기에는 오스트리아식 해결로 갈 수 있는 모든 포석이 마련되어 있습니다.

— 최인훈, 『총독의 소리』

오스트리아가 외세에 의한 분단을 막아 내고 통일 독립을 이룬 데는 다양한 요인이 있었습니다. 국제 정세 흐름과 강대국의 정책 변화 같은 외부 요인도 중요했습니다. 하지만 정치적 통일과 독립을 이루고자 했던 국민의 의지가 있었고, 정치 지도자들이 이런 열망을 저버리지 않고 이념을 떠나 양보하고 협력하면서 정치 통합을 이뤄낸 점이 돋보입니다.

오스트리아 사례는 정치 세력이 사분오열되었던 유라시아 동쪽 끝 한반도와 뚜렷하게 대비됩니다. 정치 지도자들이 대의를 위해 단합하기는커녕 자기 세력을 구축하고 상대 진영을 공격하는 데 힘을 쏟으면서 해방 정국을 허송세월합니다. 여운형, 김규식 등 중도 세력들의 좌우 합작 운동이 실패하고, 분단을 막으려던 여운형, 김구 등 민족 지도자들이 테러에 희생되었습니다. 오스트리아 정치 지도자들의 통합 노력이 한반도에서도 이뤄졌더라면 우리 민족은 분단과 전쟁의 비극을 겪지 않았을지도 모릅니다.

2. 일관된 화해 협력 정책이 이룬 독일 통일

분단의 철조망과 장벽을 넘어

이번에는 독일의 통일 과정을 살펴보겠습니다. 독일은 제2차 세계 대전에서 패한 이후 오스트리아와 마찬가지로 4개 연합국의 분할 통치를 받다가 통일 독일을 위한 교섭이 실패하면서 1949년 서독과 동독이 각기 분리 독립했습니다. 서독은 서방 진영, 동독은 공산권에 편입된 것이죠.

　서독 정부는 미국의 경제 원조를 받고 시장 경제 체제를 근간으로 경제 재건 정책을 성공적으로 수행하여 획기적인 경제 발전을 이룩했습니다. 대외적으로는 1955년에 발표한 '할슈타인' 원칙에 따라 동독을 국가로 승인하는 나라와는 외교 관계를 단절하겠다는 강경 정책을 취했습니다.

　서독은 또 북대서양조약기구(NATO)에 1958년 가입했고, 다른 NATO 회원국들과 안보 협력을 강화하며 동독을 압박했습니다. 이에 맞서 동독이 1955년 바르샤바조약기구(WTO)에 가입하면서 양측 간 긴장은 더욱 커졌습니다.

　이 과정에서 1960년까지 250만 명 이상의 동독인이 동독을 떠났습니다. 당시까지만 해도 동서독은 장벽으로 가로막히지 않아 탈출하기가 비교적 쉬웠습니다. 위기감을 느낀 소련과 동독 정부는 1961년부터 동서독 경계선 1,400킬로미터에 철조망 장벽을 치고 지뢰를 설치했습니다.

　동독 지역에 있으면서 반쪽으로 갈라진 베를린에도 철조망과 장벽이 설치되었습니다. 1961년 8월 12일 자정 동독군과 경찰이 전격적으로 국경을 폐쇄하고, 철조망 설치 작업을 시작했습니다. 이듬해에는 장벽에서 100미터 이내의 건물이 철거됩니다. 장벽 높이는 3.6미터, 폭은 1.2미터였으며 감시탑은 116곳에 달했습니다.

1961년 8월 15일 동독의 군인 한스 콘라트 슈만이 베를린 동서를 가르는 철책선을 뛰어넘어 서독으로 오는 모습을 사진작가 페터 라이빙이 찍은 사진들이다.

베를린의 분단 현실을 생생하게 보여 주는 사진이 한 장 있습니다. 1961년 8월 19일 사진작가 페터 라이빙이 동독 군인으로는 최초로 분단선을 넘어 서독에 온 한스 콘라트 슈만의 탈출 과정을 찍은 사진입니다. 군복을 입고 소총을 멘 병사가 마치 높이뛰기를 하듯 철조망을 뛰어넘습니다. 장벽이 아니라 철조망만 쳐 있던 무렵이어서 이런 탈출이 가능했을 것입니다. 이 사진은 '자유를 향한 도약'이라는 이름이 붙었고, 2011년 유네스코 세계기억유산에 등재되었습니다. 이후 1989년까지 동독인 5,000여 명이 장벽을 넘어 탈출을 시도했고, 이 중 140명가량이 안타깝게도 목숨을 잃었습니다.

이런 분단 상황을 극복하려는 정치인들이 나타나기 시작했습니다. 사회민주당 정치인 빌리 브란트(본명은 헤르베르트 에른스트 카를 프람, 1913~1992)가 대표적입니다. 1957년 서베를린 시장에 취임한 빌리 브란트는 1961년 베를린에 철조망과 장벽이 세워지는 장면을 지켜보면서 통일 의지를 키웁니다. 그는 독일이 통일되려면 동서로 갈라진 유럽 전체의 화해와 통합이 필요하다는 생각을 굳힙니다.

1969년 독일 총리에 오른 그는 '신동방정책'을 내놓습니다. 소련 및 동유럽 국가 전체와 관계를 개선하는 정책입니다. 물론 동독과 화해가 바탕이지만 그 배후에 있는 소련 및 동유럽과 관계 개선도 중요하다고 판단한 것입니다.

"평화가 전부는 아니다. 그러나 평화 없이는 아무것도 할 수 없다."

빌리 브란트는 이 말을 실천하기 시작합니다.

18년 동안 한 외무장관이 일관된 정책을 펴다

그는 동독과 관계를 개선하려고 동독을 경제적으로 지원하는 정책을 추진합니다. 한국이라면 '퍼주기' 정책이라고 비판받았겠지만 서독 정부는 동독 주민의 마음을 잡으려면 반드시 필요하다는 판단 아래 흔들림 없이 추진했습니다.

신동방정책이 시작된 이후 1989년 11월 베를린 장벽이 무너진 날까지 20년간 서독 정부가 교회 등 민간에 넘겨 동독에 지원한 돈과 물자가 576억 달러에 달했습니다. 해마다 29억 달러나 되는 막대한 규모입니다. 김대중·노무현 대통령 10년간 남한이 북한에 지원한 금액의 7배가 넘습니다. 이 과정에서 동독의 서독에 대한 의존도가 높아졌고, 동독의 민심이 서쪽으로 넘어오게 된 것입니다. 이것이 통일의 구심력으로 작용합니다.

빌리 브란트는 1972년 '동·서독 기본조약'을 체결해 동독을 사실상 국가로 승인하고 당시 국경선을 인정하며 침략하지 않겠다는 확약을 합니다. 당시만 해도 서독에서는 동독을 무너뜨려야 한다는 여론이 적지 않을 때여서 '양보만 했다'는 비판도 적지 않았습니다. 야당이 2년 뒤 브란트 총리를 상대로 불신임 투표를 강행한 데 이어 동서독 기본조약에 대해 위헌 소송까지 하는 등 한때 갈등이 격화되기도 했지만 여론이 동서독 화해를 지지하면서 위기를 넘길 수 있었습니다.

기본조약이 체결되면서 서독 언론사들이 동독에 주재하며 취재할 수 있게 되었고, 서독 방송을 동독 주민들이 시청하거나 동독 잡지를 서독에서 구독할 수 있게 되었습니다. 민간인의 방문도 처음에는 이산가족에 한정했다가 점차 폭이 늘어나면서 1980년대가 되면 보통의 이웃 나라를 드나드는 정도로 제한이 완화되었습니다.

빌리 브란트의 신동방정책은 사민당 정부가 무너지고 1982년 보수계열의 기민당이 정권을 잡으면서 기로에 처합니다. 하지만 기민당의 헬무트 콜(1930~2017) 총리는 취임 연설에서 사민당의 통일·외교 정

신동방정책을 흔들림 없이 추진했던 빌리 브란트는 그 공을 인정받아 1971년 노벨 평화상을 받았다.

책을 계승하겠다고 다짐합니다. 기민당 내부의 반발이 컸지만 콜 총리는 굴하지 않고 신동방정책을 밀고 나갔습니다. 결국 7년 뒤인 1989년 11월 베를린 장벽이 무너졌고 이듬해 독일이 통일되었습니다.

사민당이 추진한 신동방정책이 기민당 정부에 이르러 결실을 보게 된 것은 시사하는 바가 큽니다. 정권이 보수건 진보건 일관성 있게 정책을 추진한 것이 통일의 구심력을 키울 수 있었던 것입니다. 남북 간에 수많은 합의가 있었지만 정권이 바뀌면 휴지 조각이 되는 한국 정치가 바뀌지 않으면 통일은 기대하기 어려운 것이죠. 특히 소수 정당인 자유민주당의 한스 디트리히 겐셔(1927~2016)가 정권 교체에도 불구하고 18년간 외무장관을 맡아 일관성 있게 신동방정책을 추진한 점도 눈여겨볼 필요가 있습니다.

물론 독일이 통일하는 과정에서 국제 정세의 변화도 주목해야 합니다. 빌리 브란트가 신동방정책을 세운 1969년 미국은 닉슨 독트린을 발표합니다. 베트남을 포함한 아시아에서 미국이 군사 개입을 하지 않겠다는 게 핵심인데, 이를 계기로 동서 진영 간에 화해 분위기가 조성됩니다. 1985년에는 개혁 성향의 미하일 고르바초프(1931~)가 소련의 최고 지도자가 됩니다. 그는 재임 중 페레스트로이카(개혁)와 글라스노스트(개방) 정책을 추진하며 소련과 동유럽 국가들의 개방을 추진하고, 동서 냉전을 종식하는 데 지대한 공헌을 했습니다. 고르바초프가 소련의 대외 개입을 대폭 줄이면서 동독에 대한 영향력이 약화됩니다. 이때 서독은 경제적으로 어려워진 소련에 자금을 지원하는가 하면 동독 주둔 소련군이 철수해서 살 집을 짓는 비용까지 지원합니다. 소련의 개혁 정책이 추진되는 정세를 활용해 소련을 통일의 우호 세력으로 삼는 외교를 펼친 셈입니다.

베를린 장벽이 무너지던 상황을 잠시 살펴보겠습니다. 고르바초프의 페레스트로이카로 촉발된 동유럽의 민주화 바람이 동독에도 휘몰아치면서 억압적인 정치 체제와 경제 불황에 항의하는 시위가 계속되었습니다. 1989년에는 동독 주민 20여 만 명이 국경을 넘어 서독으로 탈출했고, 10월에는 동독에서 대규모 반정부 시위가 일어났습니다. 10월 9일 라이프치히에는 무려 7만 명이 모여 민주화를 요구했습니다.

중국의 통일 방안 '일국양제'의 명암

중국은 청나라 때인 1840년 영국과 아편 전쟁을 벌입니다. 전쟁에서 이긴 영국은 1842년 8월 29일 중국과 난징조약을 맺고 홍콩을 할양받습니다. 영국은 1898년 홍콩 주변의 내륙 지역도 빌리면서 99년 뒤인 1997년 중국에 돌려주기로 약속했습니다. 홍콩 주민들은 반환 시점이 다가오자 불안감이 커집니다. 영국 통치 아래에서 자본주의의 첨단을 걸어 온 홍콩이 사회주의 중국에 흡수되면 혼란에 빠질 것이기 때문입니다.

홍콩의 이런 고민을 중국도 모르지 않았습니다. 그래서 내놓은 방안이 '일국양제(一國兩制)', 즉 1국가 2체제입니다. 중국에 귀속되긴 하되 자본주의 체제를 유지하게 하겠다고 약속한 것입니다. 중국은 홍콩을 특별 행정구로 지정해 자본주의 제도와 생활 방식을 50년간 유지토록 법으로 보장했습니다. 홍콩은 국방과 외교를 제외하고는 독자적인 입법·사법·행정권을 보유하고 있습니다.

일국양제는 덩샤오핑이 1982년 채택한 통일 정책입니다. 중국이 경제 발전을 달성하려면 평화로운 주변 환경이 조성되어야 했지요. 대만과 통일, 홍콩·마카오 반환 문제도 평화적으로 마무리 지으려 한 것입니다. 중국은 1999년에 포르투갈이 조차해 온 마카오도 홍콩과 같은 방식으로 반환받았습니다.

그런데 홍콩에서는 중국이 점차 언론의 자유를 제한하고, 정치에 영향력을 행사하려 하자 시민들의 불만이 커지고 있습니다. 2019년 6월 홍콩 시민 100만 명이 범죄인 인도 법안 반대를 외치며 대규모 시위를 벌였고, 이후 경찰이 강경 진압에 나서면서 많은 사람이 다치고 희생자가 나오기도 했습니다. 홍콩 당국이 범죄인 인도 법안을 철회했지만 시민들은 중국 정부가 홍콩의 자율성과 자치권을 확실히 보장해야 한다면서 시위를 이어가고 있습니다. 오래 떨어져 있던 두 가족이 한 지붕을 이고 살기란 생각처럼 쉽지 않은 것 같습니다.

당시 시위는 목숨을 걸어야 할 정도로 위험했습니다. 그해 6월 중국 베이징에서 천안문 사태가 벌어지자 중국 정부가 군대와 탱크를 동원해 진압했기 때문이죠. 동독 정부도 무력 진압을 고민했으나 결정적인 순간 무력행사를 포기합니다.

11월 4일에는 동베를린 알렉산더 광장에 50만 명이 넘는 군중이 모여 시위를 벌였습니다. 동독 정권은 이제 더는 시위를 진압할 수 없는 단계에 이르게 됩니다.

1989년 11월 9일, 동독 사람들은 자기 손으로 베를린 장벽을 부수어 버렸습니다. 이듬해 3월에는 동독 사상 최초의 자유 총선거가 실시되어 서독과 흡수 통일을 주장하는 '독일 연합'이 압승했습니다. 독일 연합은 마침내 서독과 통일 조약에 조인하게 됩니다. 냉전의 상징이던 분단 독일이 41년 만에 통일된 것입니다. 당시 서독에 유학하면서 독일 통일 과정을 지켜본 중앙대 교수 김누리는 독일 통일에서 가장 중요한 사건으로 10월 9일 라이프치히 시위를 꼽습니다.

"이 시위로 독재자 에리히 호네커 동독 공산당 서기장을 몰아내고 민주적 권리를 동독 주민들이 쟁취한 것입니다."

동독 주민들이 목숨을 건 저항으로 독재자를 몰아낸 '동독 혁명'을 먼저 성취함으로써 독일 통일이 이뤄질 수 있었고, 그런 점에서 동독은 흡수 통일의 대상이 아니라 통일의 주역이었다는 설명입니다.

3. 우리는 어떤 통일을 꿈꿔 왔나

이승만의 북진 통일론

> "국군은 대통령으로부터 명령을 기다리고 있으며, 명령만 있으면 점심은 평양에서 먹고 저녁은 신의주에서 먹을 수 있다."
>
> — 신성모(국방장관), 1949년 7월 17일

해방된 지 3년이 지난 1948년 남북이 각각 별도 정부를 수립함으로써 분단이 확정되자 남북 정부는 각기 통일 방안을 가다듬습니다. 북한의 통일론은 민주 기지 노선에 이은 국토 완정론, 즉 북한 지역에 튼튼한 민주 기지를 만든 뒤 남한을 해방시킨다는 전략입니다. 이 노선에 따라 북한이 남침을 강행한 것이 3년간의 한국전쟁으로 이어집니다.

남한의 이승만 대통령 역시 무력으로 통일하겠다는 북진 통일론을 주장했습니다. 정부 수립 이후에도 김구 등 임시 정부 세력이 남북 협상에 의한 통일 정부 수립을 주장했고, 북한도 남북 협상의 여지를 열어 놓은 상황에 맞서기 위한 강경 노선이었습니다. 국방장관 신성모는 일주일이면 평양을 점령할 수 있다고 호언장담하기도 했습니다.

하지만 이승만 정부는 북진 통일론을 실행할 군사적 능력을 갖추지 못했습니다. 그보다는 군사적 행동도 불사하겠다는 의지를 비침으로써 미국의 원조를 더 이끌어 내기 위한 정치적 엄포에 가까웠습니다.

한국전쟁이 끝난 후 반공과 북진 통일을 주장하는 집회가 자주 열렸고, 학생들도 많이 참가하였다.

전쟁 초기의 열세를 인천상륙작전으로 극복한 국군과 유엔군이 38 선을 넘어 북으로 진격하면서 북진 통일론이 실현되는가 싶었지만 전 선이 교착되고 휴전 회담이 시작되면서 이승만의 북진 통일론은 실현 되지 못했습니다. 하지만 이승만은 휴전 직전 국제 협정을 위반하면서 반공 포로 석방 조치를 강행하는 등 강경 노선을 밀고 나갔으며 북진 통일론도 지속적으로 주장합니다.

미국은 이승만 정부와 1953년 10월 한미상호방위조약을 체결합니다. 이 조약은 북한의 재침략 시 미군이 개입하는 근거도 되지만 이승만 정부의 돌발 행동을 억제하기 위한 것이기도 했습니다.

영화「고지전」을 보면 군용 지프가 오가는 시내를 여학생들이 '북진통일'이라고 쓴 플래카드를 들고 행진하는 장면이 나옵니다. 휴전 이후 한동안 북진 통일론은 한국의 유일무이한 통일론이었습니다. 전쟁 과정에서 김규식, 안재홍 등 남북 협상파 혹은 평화통일론자들이 사망하거나 납북되었습니다. 또 3년간의 전쟁으로 북한에 대한 증오감이 커져 남북문제의 평화적 해결을 주장하던 중간파가 목소리를 내기도 어려워졌습니다.

그런데 1956년 대통령 선거에 출마한 진보당 조봉암 후보가 평화통일론을 들고 나왔습니다. 조봉암은 대통령 선거에서 24퍼센트를 득표하며 북진 통일론에 상당한 타격을 가했습니다. 조봉암은 통일 방안을 구체적으로 언급하지는 않았지만 진보당의 통일연구위원장인 김기철이 작성한 문건에서 개요가 드러납니다.

우선 유엔 동의하에 중립국 대표로 구성된 국제감시위원회가 선거 감시를 하고, 남북한 의회 대표가 '전한국위원회'를 구성해 선거 실무를 준비합니다. 남북한 인구 비례로 자유·비밀투표를 실시한 뒤 결과에 따라 '전한국의회'를 서울에서 개최해 헌법 작성과 군대 해산을 논의합니다. 통일 정부가 수립되면 유엔군을 비롯한 모든 외국군은 철수하며 주변국들은 한국의 통일을 지지하고 평화와 재건을 보장하자는 방안입니다.

조봉암을 정치적 경쟁자로 여긴 이승만은 조봉암이 남파 간첩 등과 접선한 사실이 있으며 평화통일론이 대한민국의 존립을 부정한다며 간첩죄 등을 적용해 조봉암에게 사형을 선고하고 1959년 처형합니다. 하지만 이승만의 북진 통일론은 이듬해 4·19혁명으로 정권이 붕괴되면서 폐기됩니다.

남북 관계를 악화해 온 흡수 통일론

흡수 통일론은 국력이 큰 쪽이 약한 쪽을 통합하는 방식입니다. 중국이 대만과의 통일에 대해 채택하고 있는 정책이기도 합니다. 한국에서는 1990년대 중반 북한이 대규모 식량난에 시달리던 '고난의 행군' 시기에 흡수 통일론이 힘을 얻었습니다. 흡수 통일론은 '북한 붕괴론'과 나란히 등장하곤 했습니다.

북한의 김일성 주석이 1994년 7월 8일 사망한 뒤 북한은 가뭄과 홍수 등 자연재해가 겹치면서 수십만 명이 굶어 죽는 사태가 발생했습니다. 그 이전인 1990년대 초 사회주의 국가들의 붕괴로 극심한 경제난을 겪던 참인 데다 자연재해가 겹치자 상황은 매우 심각했습니다.

당시 김영삼 대통령은 북한을 '고장 난 비행기'로 비유하며 "북한은 붕괴에 직면해 있다."고 했습니다. 정부 관료들도 '빠르면 사흘, 길어도 3년' 안에 북한이 붕괴할 것이라고 장담할 정도였습니다. 하지만 북한은 각고 끝에 이 시기를 넘겼습니다.

북한 붕괴론은 두 번 더 찾아옵니다. 김정일 국방위원장이 2011년 12월 17일 지병으로 사망했습니다. 그 이전인 2008년 김정일 위원장이 뇌졸중으로 쓰러지자 북한이 오래가지 못할 것이라는 섣부른 이야기들이 나오기 시작했습니다. 이명박 대통령은 2010년 12월 말레이시아 동포 간담회에서 "통일이 가까이 다가오고 있다."고 했습니다. 이명박 정부의 고위 관료는 2010년 2월 주한 미국 대사에게 "북한은 이미 경제적으로 붕괴하고 있고, 김 위원장이 사망하면 2~3년 내에 정치적으로 붕괴할 것"이라고 했습니다.

박근혜 대통령 임기 첫해인 2013년 12월 12일 김정은 국무위원장(당시 노동당 제1비서)이 고모부인 '권력 2인자' 장성택을 처형하는 사건이 일어나자 또다시 북한 붕괴론이 등장했습니다. 20대 청년 김정은 위원장이 권력을 승계한 지 얼마 되지 않아 권력 투쟁이 일어나면서 정권 기반이 흔들리고 있다는 추측에서 나온 것입니다. 남재준 당시 국가정보원장이 그해 12월 21일 "2015년에는 자유 대한민국 체제로 조국이 통일되어 있을 것이다."라고 할 정도였습니다.

박근혜 대통령의 2014년 '통일대박론'은 지금 돌이켜보면 해프닝이긴 하지만 보수 정치인들의 통일관의 일단을 드러낸 것이기도 합니다. '북한 정권 붕괴→흡수 통일'이라는 단순하고도 희망적인 사고를 겉으로 드러난 현상에 기계적으로 대입한 것입니다.

박근혜 대통령은 김정은 체제가 허약해 외곽에서 흔들면 버티지 못하리라고 생각한 듯합니다. 2016년 10월 1일 국군의 날 기념식에서 그는 북녘 동포를 향해 "언제든 대한민국의 자유로운 터전으로 오라."고 했습니다. 북한 주민의 대량 이탈 사태를 유도하면 체제가 무너질 거라고 생각한 것이 아니라면 하기 힘든 발언입니다.

한국인은 북한 정권을 김일성-김정일-김정은 등 최고 지도자들이 사망하거나 신변에 변고가 생기면 무너질 수 있는 허약한 체제로 생각하는 경우가 많습니다. 과연 그럴까요? 북한은 그 나름의 체계를 갖춘 국가이고 내구성도 강하다는 점을 인정해야 하지 않을까요?

재중 동포 영화감독인 장률의 2014년 영화 「경주」에 흥미로운 장면이 등장합니다. 베이징대학 정치학과 교수 최현(박해일 분)이 한 술자리에서 우연히 어떤 대학 교수와 마주합니다. 이 교수는 최현이 중국에서 유명한 정치학자라는 사실을 알고는 "김정은의 북한이 얼마나 갈 거 같냐?"고 묻습니다. 최현은 잠시 머뭇거리다 "100년."이라고 답합니다. 그 교수가 "날 무시하는 거냐?"고 재차 묻자 다시 답합니다. "진지하게 말하는 겁니다. 100년."

한국에서 통용되는 '북한이 오래 못갈 것이다'라는 인식과는 동떨어진 이야기지요? 극의 흐름과는 무관한 이 에피소드를 연변 출신 장률 감독이 집어넣은 걸 보면 '한국이 북한을 몰라도 너무 모른다'는 사실을 일깨우고 싶었던 것이 아닐까 합니다.

그러나 흡수 통일은 한국의 보수 세력 사이에서 여전히 유력한 통일론으로 받아들여집니다. 이 흡수 통일론에는 북한의 독재 시스템을 붕괴시켜야 한다는 생각이 깔려 있습니다.

하지만 설사 북한 정권이 붕괴한다고 해도 한국에 의한 흡수 통일은 국제법상으로도 성립하기 어렵습니다. 북한은 1991년 유엔에 가입한 엄연한 주권 국가입니다. 북한 정권이 붕괴한 뒤 대체할 권력이 없어 혼란 상태가 초래될 경우 유엔 치안 유지군이 파견되어 북한 국내법에 따라 새로운 정부를 수립하게 될 가능성이 큽니다.

더구나 북한에서 급변 사태가 발생한다고 해도 한국군이 북한에 진입할 수는 없습니다. 이 경우 북한과 중국이 체결한 '조중우호협력상호원조조약'에 따라 중국군이 북한에 진입할 수 있습니다. 정권이 붕괴되더라도 군부 세력이 이라크의 경우처럼 반체제 군벌로 변신할 수 있습니다. 주민의 동의 없이 무력으로 북한 지역을 통치하려는 시도는 '북한의 이라크화'를 초래할 수도 있는 것입니다.

독일식 흡수 통일을 염두에 두는 이들도 적지 않습니다. 그런데 앞에서도 살펴봤지만 독일 통일은 흡수 통일이 아니라 동독 주민들이 국민 투표로 서독과 통합을 결정한 것입니다. 이를 위해서는 주민들이 통일을 희망해야 하고, 주민의 의사를 대변하는 정치 세력이 있어야 합니다.

그런데 한국 사회에 깔려 있는 '반북 정서'와 탈북인들에 대한 차별 대우를 생각해 보면 북한 주민들이 동독 주민들처럼 한국과 통일을 희망할지 의문입니다. 서독은 수십 년에 걸쳐 동독 주민들의 신뢰를 얻는 노력을 펼쳤지만 우리는 그러지 못했습니다. 미국과 경쟁하는 중국이 주한 미군이 있는 한국이 주도하는 통일을 원할지도 의문입니다. 이런 점들을 종합해 보면 흡수 통일론은 현실성이 낮아 보입니다.

4. 영세 중립국 코스타리카, 스위스와 중립화 통일론

'중미의 스위스' 코스타리카

중앙아메리카에 코스타리카라는 나라가 있습니다. 인구가 500만 명이 조금 못 되고 면적은 남한의 절반 크기입니다. 영화 「쥬라기 공원」 촬영지로도 유명한 코스타리카는 쾌적한 기후와 화산, 온천 등 자연 자원이 풍부한 관광 국가이기도 합니다.

그런데 코스타리카는 군대가 없을뿐더러 국제 분쟁에 개입하지 않는 영세 중립국입니다. 그래서 '중미의 스위스'로 불리기도 합니다. 외침과 내전이 끊이지 않아 분쟁 지역 이미지가 강한 중앙아메리카에서에서 군대도 없는 영세 중립국이라니 신기하지 않습니까?

코스타리카가 원래부터 평화 국가는 아니었습니다. 코스타리카는 1821년 스페인으로부터 독립했지만 내전과 쿠데타가 잇따랐습니다. 1948년 선거에서 진 대통령이 정권을 내놓지 않자 대농장주 호세 피게레스가 민병대를 모아 쿠데타를 일으켰습니다. 6주 동안 2,000여 명이 숨진 내전 끝에 권력을 잡은 피게레스는 깜짝 놀랄 선언을 했습니다.

"다시는 이 땅에 전쟁이 일어나지 않도록 군대를 없애겠다."

그해 12월 1일 피게레스는 망치를 들고 군 사령부 건물 벽을 직접 부쉈습니다. 군대는 사라졌고 국방비는 교육과 보건 예산으로 쓰였습니다. 그 후 코스타리카에서는 단 한 번의 전쟁도 없었고, 군대도 만들

과테말라

온두라스

엘살바도르

니카라과

★ 산호세
코스타리카

북아메리카

파나마

콜롬비아

남아메리카

어지지 않았습니다.

　니카라과, 에콰도르, 과테말라 등 주변국에서는 쿠데타와 군사 독재, 내전과 학살이 빈번하게 일어났지만 군대를 없앤 코스타리카는 정치적 안정을 누렸습니다. 물론 위기의 순간도 있었습니다. 1979년 코스타리카 북쪽 니카라과에 산디니스타 혁명 정부가 수립되자 미국이 이를 무너뜨리기 위해 반군 조직을 지원하면서 코스타리카에 군사 기지 건설을 요구한 것입니다. 하지만 코스타리카는 1983년 국제 분쟁에 개입하지 않는 영세 중립국을 선언하며 미국의 압력을 막아 냈습니다.

코스타리카는 국제 사회에서 평화를 위해 적극적으로 활동합니다. 1987년에는 중미 5개국 평화 협정(에스키플라스 협정)을 이끌어 내 중미 분쟁의 확산을 막았고, 1990년에는 이웃 나라 파나마를 설득해 군대를 폐지하도록 했습니다. 2013년에는 세계의 평화 운동가들과 함께 '무기거래금지조약(ATT)'을 만들어 유엔에서 통과시켰습니다. 어떤 강대국에도 치우치지 않는 중립주의가 국제 평화를 추진하는 힘이 된 것입니다.(이상은 장은교, '군대를 없앤 나라, 코스타리카'(「경향신문」, 2016년 2월 22일자)를 참고했습니다.)

우리가 영세 중립국이 될 수 있다면

중립국의 '원조'격인 나라는 스위스입니다. 스위스 중립화는 역사가 500년 가까이 되었습니다. 스위스는 자치권을 가진 13개 주가 1436년부터 치열한 내전을 벌이면서 분열이 심각해진데다 1515년에는 침략해 온 프랑스에 크게 패해 나라가 위기에 처합니다.

스위스 연방 정부는 외침 위기에서 벗어나기 위해 1536년 중립화를 선포합니다. 가뜩이나 프랑스, 독일, 오스트리아 등 큰 나라들과 국경을 접해서 언제나 전쟁에 휘말려 온 나라의 운명을 바꾸려는 결단이었습니다. 스위스는 300년 가까이 지난 1815년 비엔나 국제회의에서 승인을 받아 세계 최초의 영세 중립국이 됩니다.

스위스는 두 차례 세계 대전에서도 중립을 지켰습니다. 중립을 침해

한 독일·영국·미국의 비행기를 격추하고 스위스 영토 안으로 퇴각해 온 프랑스 부대를 억류하는 적극적인 무장 중립 정책을 폄으로써 나라의 안전과 평화를 유지할 수 있었습니다. '도레미송'으로 유명한 영화 「사운드 오브 뮤직」에서는 오스트리아 잘츠부르크에서 살던 폰 트랍 대령이 오스트리아가 독일과 합병되고 유럽에 전운이 짙어지자 가족을 데리고 알프스산맥을 넘어 스위스로 도피합니다. 스위스가 중립국이었기 때문이죠.

제2차 대전 후 스위스는 국제 평화 회의 장소이자 유엔 기구들의 활동 공간이 됨으로써 중립·평화 국가의 위상을 높였습니다. 한국전쟁이 끝난 다음 해인 1954년 한반도 평화 협정과 통일 방안을 협의하기 위한 회담이 스위스 제네바에서 열리기도 했습니다. 앞에서 살펴본 오스트리아와 교황청이 있는 바티칸, 중앙아시아의 투르크메니스탄도 영세 중립국으로 인정받았습니다.

"저는 우리 국민의 정서에는 맞지 않겠지만, 통일된 나라의 7천만 내지 1억 인구의 능력을 가지고, 군사력 강화로 안보에 대처하려 하기보다는, 오히려 오스트리아처럼 주변 강대국(중·일·미·러)이 승인하는 '영세 중립국'(물론 유엔이 보장하는) 구조로써 한반도의 안보를 구상하는 것입니다. 일본과 미국, 러시아, 중국이라는 4대 열강의 지정학적인 대각선상에 놓여 1,300년 동안 해양 국가와 대륙 국가 간의 각축과 영토 쟁탈전의 희생물이 되고 전쟁터로 바쳐왔던 우리의 처참한 위상을 오

4부 통일, 어떤 방법이 좋을까 **127**

코스타리카나 스위스처럼 우리도 평화를 표방하는 영세 중립국이 될
가능성은 없을까요? 중립화 논의는 그 뿌리가 조선 말기로 거슬러 올
라갑니다. 19세기 말 개화 사상가인 유길준은 열강의 싸움터로 변해 가
는 나라의 주권을 지키기 위해 '조선 중립화' 방안을 제시했습니다. 중
국의 주도 아래 일본·러시아·영국·프랑스 등 조선에 이해관계가 있는
당사국들이 영구 중립을 조건으로 조선의 자주와 평화·안정을 보장하
자는 방안입니다. 열강의 세력 각축 속에 풍전등화인 조선의 운명을 걱
정한 조선 주재 서양 외교관들 중 상당수가 이 방안을 지지했습니다.

고종도 영세 중립 방안을 추진했지만 조선에 야심이 컸던 중국과 일
본의 반대로 실패하고 맙니다. 한반도에서 러시아와 일본이 대립하면
서 전운이 짙어지던 1904년 1월 20일, 대한제국은 전시 국외 중립을
선언하고 미국, 일본, 러시아, 중국 정부에 통보합니다. 조선 땅이 열강

의 전쟁터가 되는 것을 막기 위한 안간힘이었지만, 국제 사회는 싸늘하게 외면합니다.

하지만 영세 중립론은 열강에 둘러싸인 조선 반도의 독립과 평화를 지키는 유용한 수단으로 오랫동안 주목받아 왔습니다. 이승만 대통령도 조선이 일본에 병합된 1910년 미국 프린스턴대학에서 논문 「미국의 영향을 받은 영세 중립론」으로 박사 학위를 받기도 했습니다.

해방 후에도 한반도 평화와 통일에 뜻을 품은 여러 정치인, 언론인, 학자, 운동가 등이 영세 중립론을 주장해 왔습니다. 김대중 대통령은 1971년 대통령 선거에서 중립화를 주장했고, 손학규 바른미래당 대표도 2012년 민주당 대통령 예비 후보로 나섰을 때 이를 제안했습니다. 통일 운동가 강종일은 영세중립통일협의회를 결성해 활동하고 있습니다. 꽤 여러 사람이 한반도를 스위스 같은 중립 지대로 만들려는 구상을 해 온 셈입니다.

북한은 어떨까요? 1980년 '고려민주연방공화국' 구상에서 어느 외세에도 의존하지 않는 완전한 자주 독립 국가로 블록 불가담, 즉 '중립화'를 주장했습니다. 1993년 채택한 '조국 통일을 위한 전민족대단결 10대 강령'에서도 '자주적이고 평화적이며 중립적인 통일 국가 창립' 구상을 밝혔습니다. 김정일 국방위원장도 통일된 한반도가 '스위스식 무장 중립'이어야 한다고 한 적이 있습니다.

한반도 중립화는 미국 정부 관료, 정치인과 학자, 군인들 사이에서 진지하게 검토된 적이 있습니다. 1947년 7월 미국의 앨버트 웨더마이어 장군은 미국이 "한국의 영구적인 군사 중립화를 추구해야 한다."고 제안했습니다. 당시 미군의 남한 철수를 앞둔 상황에서 힘의 공백을 메우기 위한 방안으로 중립화를 구상한 것입니다.

한국전쟁이 휴전을 맞이한 1953년에도 미국 트루먼 행정부는 한국 문제의 평화적 해결 방안으로 중립화된 통일 한국을 구상했습니다. 이 방안은 미 국무부가 1953년 6월 작성한 비망록에 채택되었고, 덜레스 국무장관이 이를 국가안보회의에 상정했지만, 군부의 반대로 무산되었습니다. 1970년대에는 카터 대통령이 주한 미군 철수와 한반도 중립화 방안에 대해 정책 검토를 지시한 바 있습니다.

미국의 스칼라피노 교수(1961), 브레진스키 교수(1972), 라이샤워 교수(1976) 등 한반도·동아시아 전문가들도 한반도 중립 방안을 제안했습니다. 세계적 평화 학자 요한 갈퉁도 1989년 4대 강국, 즉 미국, 러시아(당시 소련), 중국, 일본과 유엔의 협조를 받아 통일을 전제로 한반도 중립화를 추진해야 한다고 주장했습니다.

이렇게 한반도 중립화 통일 방안은 국제 사회에서 꽤 활발하게 논의되어 왔습니다. 하지만 정작 우리에게는 생소하게 느껴지는 것도 사실입니다. 이는 역대 정치권력이 '중립화' 논의를 꺼린 탓입니다. 이승만 정부는 중립화 통일론을 불온시했고, 4·19혁명으로 등장한 장면 정부도 직접 규제하지는 않았지만 중립화 통일론을 비판하며 확산을 막았습니다. 5·16군사 쿠데타로 집권한 박정희 대통령은 통일 논의를 아예 봉쇄했습니다.

역대 정부가 중립화 통일 방안을 금기시한 것은 한미 동맹을 거스르는 주장이기 때문입니다. 한국은 전쟁을 겪으며 군사·경제적으로 대미 의존도가 높아졌고 한미 동맹을 생명줄처럼 여겨 왔습니다. 그런데 중립국은 다른 국가나 집단들과 군사적으로 연계하지도 않고, 전쟁에 참가하지도 않는 것입니다. 어떤 나라의 편도 들지 않음으로써 안전을 보장받는 것이기 때문에 한미 동맹과는 충돌할 수밖에 없습니다.

하지만 한반도의 지정학적 상황은 영세 중립화를 추진하기에 최적의 조건인 것도 사실입니다. 중립화의 첫째 조건이 외세의 침략을 받을 가능성이 크거나, 중립화가 그 나라는 물론 이웃 나라들에도 이익을 가져다줄 수 있는 곳이기 때문입니다. 한반도는 미국과 중국, 러시아, 일본 4대 강대국으로 둘러싸여 있습니다. 이런 조건이 식민 지배, 분단, 전쟁의 원인으로 작용했습니다.

지금도 상황은 바뀌지 않았습니다. 얼마 전 한국과 중국 간에 벌어진 '사드 갈등'은 한국이 강대국들끼리의 갈등으로 원치 않는 피해를 볼 수 있음을 생생하게 보여 주었습니다. 사드는 미국이 북한의 미사일 공격에 대비해 경북 성주에 배치한 '미사일 방어 체계'의 일종입니다. 북한이 발사한 미사일이 지상에 떨어지기 전에 레이더로 탐지한 뒤 미사일로 맞춰 폭파시키는 무기 체계죠.

그런데 이 레이더가 중국까지 감시할 수 있을 정도로 성능이 좋은 것이 화근이 되었습니다. 중국은 한국에 사드가 배치되면 중국 만주 지역 군사 시설 정보들까지 탐지될 수 있다는 이유로 사드 배치를 거세게 반대했습니다. 한국 정부가 배치를 강행하자 중국은 경제 보복으로 대응했습니다. 중국 정부는 중국인들의 한국 관광을 금지하는가 하면 중국에 진출한 한국 기업들에 세무 조사를 강화하면서 압박했습니다. 이로 인한 피해가 2017년까지 16조 원에 이를 정도였습니다.

사드 갈등은 "고래 싸움에 새우등 터진다."는 속담을 실감하게 한 사례입니다. 미국과 중국 간의 패권 경쟁이 앞으로도 계속될 가능성이 큰 만큼 사드 갈등 같은 일은 또 벌어질 개연성이 큽니다. 최근에도 미국이 중국의 통신 장비 기업인 화웨이에 제재를 가하면서 한국 정부도 화웨이 장비를 쓰지 말라고 요구했습니다. 반면 중국은 한국이 제재에 동참하면 경제 보복을 가하겠다고 으름장을 놓았습니다.

한국은 군사 안보를 미국에 의존하지만 경제적으로는 중국과 협력해야 하는 처지입니다. 만약 한반도 전체가 중립 혹은 완충 지대가 된다면 이런 딜레마에서 벗어날 수 있는 것이죠.

물론 현실적인 여건을 보면 중립화 구상은 꿈같은 이야기입니다. 무엇보다 미국 의존도가 너무나 커져 버린 것이 걸림돌입니다. 특히 보수 세력은 한미 동맹을 '신성불가침'처럼 여겨 어느 나라와도 동맹을 맺지 않는 중립화 구상을 여전히 불온시합니다.

전문가들은 중립화를 달성하려면 우선 그 나라의 지도자와 국민이 중립화하려는 의지가 뚜렷해야 한다고 지적합니다. 한반도 중립화는 매우 어려운 과제이지만, 국익을 지키기 위해서라도 검토할 가치가 충분합니다. 구한말 고종 때와 달리 지금 한국은 국제사회에서 발언권을 인정받을 정도로 경제력도 커지고, 국가 위상도 높아졌습니다. 동북아시아의 평화를 위해 한반도의 영세 중립이 필요하다고 국제사회에 당당히 주장할 만합니다.

5. 첫 단추는 꿰는 중

남북의 통일 방안 첫 합의 6·15남북공동선언

남북은 2000년 6월 김대중 대통령과 김정일 국방위원장의 역사적인 첫 정상 회담에서 통일 방안을 처음으로 합의합니다. 당시 채택된 6·15남북공동선언에는 "남과 북은 나라의 통일을 위한 남측의 연합 제안과 북측의 낮은 단계의 연방 제안이 서로 공통성이 있다고 인정하고 이 방향에서 통일을 지향시켜 나가기로 했다."고 되어 있습니다.

우리 정부의 공식 통일 방안은 '민족공동체통일방안'입니다. 노태우 대통령이 1989년 발표한 '한민족공동체통일방안'을 김영삼 대통령이 거의 그대로 받아들여 1994년 작성한 것으로 이후 정부들도 계승해 왔습니다.

이 방안은 통일을 자주, 평화, 민주 3대 원칙 아래 3단계로 추진하는 것입니다. 첫 단계는 남북한이 서로 실체를 인정하고 적대·대립 관계를 공존·공영 관계로 바꾸기 위한 다각적인 교류 협력을 추진하는 화해 협력 단계입니다. 체제의 차이점을 인정하면서 경제·사회 공동체를 만들어 가는 과정이지요.

두 번째는 남북 연합 단계입니다. 교류 협력이 심화되고 상호 신뢰와 의존도가 커지면 적절한 시점에 남북 연합을 선포합니다. 남북정상회담, 남북각료회의, 남북평의회, 공동사무처 같은 공동의 기구들이 만들어져 남북 공동의 업무를 수행하게 됩니다.

이후 통일 여건이 무르익었다고 판단되는 시점에 통일 헌법을 마련하고 민주적 총선거를 실시해 통일 정부와 국회를 구성하면 통일이 마무리됩니다. '화해 협력→남북 연합→통일 국가'의 순서이고 6·15남북공동선언에서 나온 남북 연합은 두 번째 단계에 해당합니다.

북한은 1960년에 처음 연방제 방안을 내놓은 뒤 상황에 따라 이를 보완해 왔습니다. 북한이 1980년에 제시한 '고려민주연방제'를 보면 남과 북은 사상과 제도를 인정하는 기초 위에서 지역 정부를 두는 연방 공화국을 창립합니다. 남과 북은 같은 수의 대표로 최고민족연방회의를 구성하고, 그 상임 기구로 연방상설위원회를 조직해 남과 북의 지역 정부를 지도합니다. 연방 정부는 국방, 외교를 담당하며 연방 정부 대표는 남북이 돌아가면서 맡자는 것입니다.

그러나 1990년대 소련의 해체와 동유럽 사회주의권의 붕괴로 외교적 고립과 경제난에 처한 북한은 연방제에도 변화를 꾀합니다. 지역 자치 정부에 외교권, 군사권, 내치권을 허용하자고 제안한 것입니다. 통일보다는 체제 유지에 방점을 둔 것으로 보입니다.

2000년 6·15남북공동선언에 등장한 '낮은 단계의 연방제'는 조금 더 다릅니다. 남북의 현 정부가 정치, 군사, 외교권을 비롯한 현재의 기능과 권한을 그대로 보유한 채 그 위에 민족 통일 기구를 구성하자는 것입니다.

즉 북한의 연방제는 연방 정부의 권한이 점차 약화되는 방향으로 바뀌면서 지금은 한국 정부의 '남북 연합'과 거의 다르지 않습니다. 그런 점에서 본다면 6·15남북공동선언은 통일 방안에서 일단 첫 단추를 꿰었다고 할 수 있습니다.

비핵화와 남북 연합을 동시에 추진한다면?

북한과 미국의 비핵화 협상은 1990년대 초부터 30년째 진행되고 있지만 좀처럼 해결되지 않고 있습니다. 북한은 비핵화를 할 테니 체제 안전을 보장하고 경제 제재를 풀어 달라고 하는 반면 미국은 먼저 비핵화를 하라는 태도를 보이고 있습니다. 이 줄다리기가 언제 끝날지 가늠하기도 쉽지 않습니다.

그렇다면 비핵화가 끝날 때까지 통일은 기다려야 할까요? 다른 창의적 방법은 없을까요? 서울대학교 명예 교수 백낙청은 비핵화와 남북 연합의 동시 추진을 제안합니다. 미국이 제공하는 체제 보장에 더해 남북 연합이 북한의 안전을 보장하는 장치가 될 수 있다는 것입니다.

북한이 비핵화를 망설이는 이유는 핵을 포기하고 무장 해제를 했다가 정권이 붕괴되고 지도자 카다피가 살해된 리비아의 전철을 밟을 수 있다는 두려움 때문입니다. 비핵화는 일단 이뤄지면 되돌리기가 쉽지 않은 반면, 체제 보장은 언제든 뒤집을 수 있다는 점을 리비아 사례가 똑똑히 보여 주었습니다.

그런데 만약 남북 연합이 수립된 이후 미국이 변심해 북한에 적대하는 정책으로 돌아선다면 이는 곧 대한민국에 대한 적대가 되는 셈입니다. 다시 말해 미국의 동맹인 한국이 참가하는 남북 연합이 만들어지면 미국이 북한에 적대 정책을 펴기가 어려워진다는 것입니다. 이렇게 된다면 북한은 안심하고 비핵화를 할 수 있게 되는 셈이죠.

남북 연합은 북한이 마음 놓고 베트남이나 중국처럼 개혁·개방에 나설 수 있는 환경도 제공한다고 백낙청은 주장합니다. 사회주의 국가인 중국과 베트남이 개혁·개방에 나설 수 있었던 것은 이미 통일을 달성했기 때문입니다. (물론 중국은 대만과 통일을 이루지 못한 상태지만 대륙 전체는 공산당 지배로 통일되어 있습니다.) 하지만 북한은 경제력이 우월한데다 체제가 다른 한국을 의식할 수밖에 없어 과감한 개혁·개방 정책을 펴기가 쉽지 않습니다. 자칫 흡수 통일이 될까 봐 우려하는 것입니다. 그렇기 때문에 북한이 걱정

없이 개혁·개방에 나서도록 하기 위해서도 남북 연합이 필요하다는 것입니다. 남북 연합은 북한 체제를 보장함으로써 비핵화와 개혁·개방을 이끌어 내는 유력한 수단이 된다는 것입니다.

백낙청은 낮은 단계의 남북 연합은 2007년 노무현 대통령과 김정일 국방위원장이 정상 회담을 한 뒤 채택한 10·4선언 이후 시작되었다고 평가합니다. 하지만 몇 달 못 가 이명박 정부로 바뀌었고 박근혜 정부로 이어지면서 중단되었으나 2018년 4월 문재인 대통령과 김정은 국무위원장의 판문점 정상 회담을 계기로 복원되었다고 봅니다. 이때 채택된 4·27판문점선언은 '한반도의 평화와 번영, 통일을 위한 판문점선언'의 줄임말입니다. 그렇다면 선언 제목에 '통일'이 들어가는 것도 의미가 있는 셈입니다.

판문점선언과 2018년 9월 정상 회담 때 채택한 평양공동선언과 남북군사합의서를 성실히 이행하면서 교류와 협력을 심화하다 보면 "남북 연합을 선포합시다."라고 합의하는 순간이 올 수 있다고 백낙청은 전망합니다.

이렇게 본다면 남북 연합은 한반도 비핵화와 북한의 개혁·개방을 촉진하면서 통일이라는 계단에 첫발을 올려놓는 효과 만점의 수단이 될 수도 있습니다. 북한과 미국의 지지부진한 비핵화 협상에 머리가 지끈거려 '협상이 되기나 할까?' 했다면 백낙청의 남북 연합론을 음미해 볼 필요가 있습니다.

5부

—

평화와 통일을 위한
근육을 키우자

나는 남

너는 북

양단된 가슴팍에

서로의 비극은 뼈아프다.

나비들은 나비들은

철조망을 오고 가고 하는데

답답한 벽은

언제 무너질 것인가

누구의 힘으로 무너질 것인가.

-박봉우(시인), 「황지에 꽃핀」에서

어떻게 통일할지 살펴봤으니 이제 우리 사회가 통일할 준비가 되어 있는지 돌아볼 차례입니다. 그런데 솔직히 말하면 우리 사회가 북한을 받아들일 준비가 되어 있다고 보기는 어려울 것 같습니다. 고향을 등지고 한국을 찾아온 탈북인들 중 많은 이들이 적응에 어려움을 겪는 것을 보더라도 알 수 있습니다. 우리 스스로도 한국 사회가 지나치게 각박하고 남을 돌볼 여유가 없는 경쟁 사회라고 느끼는데 바깥에서 들어온 사람들은 오죽할까요? 우리 사회에 여전히 팽배한 군사주의 문화, 북한을 보는 편협한 시선, 우리 스스로를 약소국이라고 생각하는 피해의식 등 통일과 평화를 이루기 위해 고쳐 나가야 할 것들이 적지 않습니다. 하나씩 살펴보겠습니다.

1. 지금 우리 사회, 살 만한가요

탈북인을 보는 차가운 시선

군 복무 중 비무장 지대를 넘어온 탈북인 주승현은 "북한에서는 한 번도 굶어 본 적이 없지만 남한에서 처음으로 굶어 봤다."고 합니다. 생활비라도 벌려고 주유소에 찾아가 면접을 봤지만 퇴짜 맞기 일쑤였다고 합니다. 탈북인 정착 준비 시설인 하나원에서는 "한국은 북한과 달라서 일한 만큼 돈을 벌 수 있다."라고 했지만 현실은 달랐습니다. 서울 시내 일식집에서 남들이 여덟 시간 일할 때 열두 시간 일했고, 배달과 주방일 외에도 온갖 궂은일을 도맡아 했지만 월급은 동료들보다 수십만 원 적었답니다.

주승현만이 부당 대우를 받은 건 아닙니다. 2017년 남북하나재단 조사에 따르면 탈북인의 주당 근로 시간은 한국인 평균보다 9시간 더 많지만, 월평균 소득은 178만 원으로 63만 원이 적었고 실업률은 평균보다 2배 높았습니다.

박장범 감독의 영화 「무산일기」(2010)를 보면 탈북인들이 한국에 정착하는 과정이 탈북하는 과정보다 더 힘겨워 보입니다. 탈북한 남성의 주민등록번호는 125, 여성은 225로 시작합니다. 탈북 사실을 알리고 싶지 않아도 '주홍 글씨' 같은 주민등록번호 때문에 금방 노출됩니다. 이런 탓에 주인공 승철은 제대로 된 일자리를 구하지 못합니다.(주민등록번호에 대한 탈북인의 불만이 커지면서 번호를 바꿔 주는 특례법이 2009년에 만들어졌습니다.)

좀 오래된 자료이지만 2007년 한국형사정책연구원이 발표한 '북한 이탈 주민의 범죄 피해 실태 연구'에 따르면 탈북인의 범죄 피해율은 24.3퍼센트로 한국인 평균(4.3퍼센트)의 5배가 넘습니다. 사기 피해율도 탈북인 5명 중 1명꼴입니다. 2016년 기준 한국인의 자살률은 인구 10만 명당 24.6명으로 경제협력개발기구(OECD) 회원국 중 13년 연속 1위였습니다. 그런데 탈북민의 자살률은 그 3배에 달합니다.

2019년 8월에는 40대 탈북 여성이 6세 아들과 함께 서울의 한 임대 아파트에서 숨진 채 발견되는 일도 있었습니다. 여성의 통장에는 석 달 전인 5월 3,858원이 인출된 이후 한 푼도 남아 있지 않았고, 수돗물마저 끊긴 집 안에는 고춧가루 외에 먹을 게 전혀 없는 것으로 보아 굶어 죽은 것으로 추정됩니다. 이들이 사망한 후 두 달여 만에 미납 수도 요금을 받기 위해 들른 검침원과 아파트 관리인이 이들의 시신을 발견했습니다. 참으로 참담한 죽음입니다.

'따뜻한 남쪽 나라'인 줄 알고 넘어왔지만 한국에서의 삶은 탈북인들에게 너무도 고통스러웠던 것 같습니다. 가장 문제로 꼽는 것은 한국 사회의 편견과 차별이라고 합니다. 주승현은 2010년 11월 취업하려고 회사 면접장에 갔다가 "당신네 북한은 왜 저러냐?"는 면접관의 핀잔을 들었다고 합니다. 때마침 북한의 연평도 포격 사건이 일어난 탓이지만, 남북 갈등이 벌어질 때마다 탈북인은 이런 말을 예사롭게 듣습니다.

주승현은 서울에서 명문 대학을 졸업하고 각종 스펙을 쌓은 뒤 취업에 나섰지만 100곳 가까이는 서류 전형조차 통과하지 못했고, 고민 끝에 이력서에서 탈북민 흔적을 깨끗이 지우자 줄줄이 합격 통지서가 날아왔다고 저서『조난자들』에서 소개했습니다.

게다가 한국 사회는 탈북인에게 '한국 사회에 동화(同化)될 것'을 강요합니다. 다른 선택지는 주어지지 않습니다. 주승현이 하나원을 방문한 공직자들을 만난 적이 있는데, 그들은 "탈북민이 한국이라는 문명사회에 하루 빨리 적응하려면 북한에서 배우고 익힌 것을 남김없이 없애야 한다."라고 했답니다. 한국은 문명사회, 북한은 낙후된 사회로 간주하는 고정 관념을 엿볼 수 있습니다.

탈북인들은 북한을 부인하고 남한을 찬양하지 않으면 잠재적인 간첩으로 몰릴 수도 있습니다. 북한의 삶은 웃음 소재가 되어야만 유통될 수 있습니다. 과거 일본이 식민지 조선인을 대하던 방식, 내선일체(內鮮一體)를 부르짖으며 창씨개명을 강요하던 것과 뭐가 다를까요?

> "언젠가 북한 말투를 고쳐 신분을 세탁해 보려고 라디오에서 나오는 표준말을 따라 하다가 감정이 북받쳐 크게 울었던 날이 있었다. 그날 깨달았던 것은 분단을 넘어서지 않고서는 '탈북자'란 꼬리표에서 절대 자유로울 수 없다는 사실이었다."
>
> 주승현, 『조난자들』

이런 한국에 적응하지 못해 '탈남(脫南)'한 사람만 5,000여 명에 달한다고 합니다. 탈북인 3만 명 중 15퍼센트가 한국을 등진 셈입니다. 이 중 26명(2017년 말)은 아예 북한으로 되돌아갔습니다. 평안남도 안주 출신인 임지현은 19세에 탈북해 2014년 한국에 정착했다가 3년 만에 탈남해 북으로 되돌아갔습니다. 그는 북한에서 기자 회견에 나와

"돈을 벌려고 남조선에 갔지만 남조선 생활은 차별과 멸시 속에서 하루하루가 지옥 같았다."라고 했습니다. 한국의 종편 프로그램에도 출연했던 방송인이었기 때문에 그가 왜 북으로 돌아갔는지는 한국 언론의 관심사였습니다. 북한의 공작에 걸려들었거나 위장 간첩이라는 억측도 나돌았습니다. 하지만 한국의 공안 당국에서는 임지현의 재입북이 '고향을 그리워한 본인의 자유 의지'라는 조사 결과를 발표했습니다.

공안 당국의 발표와 본인이 북한에 돌아가 밝힌 이유를 종합해 보면 임지현은 한국 사회에서 차별을 당하면서 가족과 고향에 대한 그리움이 커져 재입북 결단을 내린 듯합니다.

북한으로 돌아간 재입북자들은 기자 회견에서 예외 없이 한국 사회에서 탈북민이 받는 천대와 멸시, 차별과 수모를 언급하며 분노합니다. 북한에서 한 기자 회견이니 북한 당국의 의도가 반영되었겠지만 이 점'만은 '연출'로 볼 수 없다고 주승현은 말합니다.

그들이 한국 사회에서 죽고 싶을 만큼 힘들었을 때 한국 사회의 누구라도 그들의 손을 잡아 주었다면 이런 선택에 이르지는 않았을지 모릅니다. 임지현을 제외하면 한국 언론은 탈남 사례를 잘 보도하지 않습니다. 오히려 외신들이 더 적극적으로 이런 사례들을 보도합니다.

서독의 일관된 관용과 포용 정책

그렇다면 분단 독일은 어땠을까요? 1990년 독일이 통일될 때까지 동독에서 서독으로 넘어간 이들은 무려 460만 명에 달했습니다. 1990년 통일될 무렵 동독 인구가 약 1,600만 명이니 전체의 20퍼센트가 넘는 사람이 탈출한 셈입니다. 물론 이 중 40만 명가량이 다시 동독으로 돌아가긴 했지만 이는 동독 정부가 서독으로 떠났던 동독 주민이 다시 돌아와도 처벌하지 않았기 때문입니다.

그런데 서독에는 왜 이렇게 많은 동독 주민이 넘어왔을까요?

우선 서독의 대동독 정책이 비교적 일관적이었다는 점을 들 수 있습니다. 통일 전 서독은 보수 성향의 기독민주당·기독사회당과 진보 색채의 사회민주당이 동독 정책을 놓고 갈등을 빚었지만 1969년 사민당의 빌리 브란트 총리가 '동방정책'을 추진하면서 통일 정책이 안정되기 시작했습니다. 이후 보수 정당이 정권을 잡았지만 정책의 원칙은 계승되었습니다. 어떤 방향의 정책이건 일관성 있게 추진된다는 점은 매우 중요합니다. 특히 외교 정책은 중대한 정세 변화가 없는 한 바꾸지 않는 것이 상대방에게 신뢰를 줄 수 있습니다. 정권이 바뀌었는데도 동방정책이 변함없이 유지된 것은 동독 주민들에게 서독에 대한 신뢰를 갖게 했습니다. 이런 신뢰는 베를린 장벽이 무너진 이후 동독 주민들이 투표로 서독과 통합을 결정하도록 하는 동력이 됩니다.

그런데 동독 주민들이 마음을 연 것은 관용과 공존, 포용의 가치를 가꿔 온 서독 체제의 매력 때문이기도 합니다. 특히 나치 잔재 청산과 권위주의 타파를 목적으로 일어난 '68혁명'을 고비로 서독은 사회적 시장 경제와 복지 지향적 자본주의 색채를 강화했습니다. 회사 경영에

노동자들의 참여를 보장하는 협조적 노사 관계에서 보듯, 사회 시스템 전반이 협력과 공존을 지향합니다.

어떤 노동자도 인간으로서 존엄성을 훼손당해서는 안 된다는 것이 독일을 비롯한 선진국의 보편적 상식입니다. 일터에서 지위가 낮다고 천대받거나 인격적으로 무시당해서는 안 된다는 것입니다.

그런데 우리는 어떨까요? 대한항공 '땅콩 회항' 사건을 기억하나요? 2014년 12월 5일 미국 뉴욕에서 인천으로 향하는 대한항공 여객기 기내에서 조양호 전 한진그룹 회장의 장녀 조현아 대한항공 부사장이 한 승무원이 땅콩을 봉지째 갖다 준 것을 문제 삼아 박창진 사무장을 공항에 내리도록 한 사건입니다. 이 때문에 비행기가 예정보다 46분 늦게 출발하는 등 승객들이 피해를 보았습니다. 이 사건 외에도 재벌 일가가 회사 직원들을 종 부리듯 대하는 일들이 비일비재합니다.

2018년에는 한 기업 회장이 욕설을 퍼부으며 직원의 뺨을 때리는 동영상이 공개된 적도 있습니다. 직장 내에서도 힘 있는 지위에 있는 이들이 하급 직원들을 폭행하거나 폭언을 퍼붓는 일이 다반사로 일어납니다. 노동 법률 단체 '직장갑질 119'가 밝힌 사례들을 보면 간호사들 사이에선 후배 간호사를 선배들이 괴롭힌다는 뜻으로 '태움'이라는 말이 쓰입니다. '재가 될 때까지 태운다'는 뜻이라고 합니다. 한 중소 사업체 회장은 개인 별장 관리나 봉사 활동, 운전기사 업무를 회사 직원들에게 시키고, 닭과 개에게 사료를 주라는 요구까지 했다고 합니다.

노사의 현안도 순탄하게 대화로 해결되는 일이 많지 않아 극한적 대결로 치닫곤 합니다. 파인텍이라는 기업의 노동자들은 무려 426일간 공장 굴뚝에서 농성을 벌여야 했습니다. 회사가 노동자들의 의견을 무시한 채 폐업하고 해고한 것에 항의했지만 대화가 통하지 않자 이런 선택을 할 수밖에 없었습니다. 이런 한국 사회에 북한 주민들이 과연 매력을 느낄지 의문입니다.

> 북한이 동독만큼 되기를 요구하려면 남한도 서독만큼 되어야 하지 않을까? 서독은 언제나 정부 예산에서 국민 보건과 사회 복지 및 보장을 위한 지출이 군사비의 거의 두 배가 되었다. 사회주의 동독보다도 더 사회주의적이었던 것이다. 남한은 그동안 거꾸로 군사비가 보건 사회 보장 및 복지를 위한 지출의 3배를 넘었다. 무슨 자격으로 북한한테만 동독처럼 되기를 요구할 수 있을까?
>
> 리영희, "북한의 남한화?", 「한겨레신문」, 1994년 10월 8일

독일에 거주하면서 동독 주민 이탈 40년 역사 전반을 다룬 『동독민 이주사』를 쓴 학자 최승완은 서독에서도 경기가 나빠지거나 실업률이 올라갈 때면 동독 이탈 주민들을 부담스럽게 여기는 분위기가 있었다고 합니다. 그러나 동독 이탈 주민을 똑같이 서독 주민으로 인정하고 신변에 대한 불안감 없이 안정적으로 정착할 수 있도록 배려한 서독 정부의 정책에 주목합니다. 서독의 시민 사회도 이탈 주민 문제를 서독 사회 전체가 해결해야 할 과제로 보고 장기적이고 체계적으로 정착

을 도왔다고 합니다.

> "(탈북자라는 표현은) 다분히 정치적이고 이데올로기적인 표현이 아닌
> 가 싶다. 요즘 북에서 남으로 오는 분들의 탈출 동기도 상당히 다양해
> 지고 있는 걸로 알고 있다. 자녀들에게 더 나은 환경을 제공하고 싶어
> 서 오는 분들도 있다고 들었다. 이들 모두를 탈북자의 틀에 가둘 필요
> 가 있을까? 북한 이탈 주민이라고 하든가. 아니면 남북 관계의 앞날까
> 지 고려해 북한 이주민이라는 표현도 생각해 볼 수 있을 것 같다. 탈북
> 자라고 하면 왠지 북한 체제에 저항하고, 그 체제와 결별한 사람들이
> 란 느낌을 준다. 그런 강요된 정체성을 갖고 그들이 과연 남한 사회에
> 서 자유롭고 평화롭게 살 수 있을까."
>
> 최승완, 「중앙일보」, 2019년 4월 20일 인터뷰

최승완은 북한을 떠나 남한에 정착한 탈북인들을 부르는 용어부터
바꾸자고 제안합니다. 남한 사회에서 갖은 어려움을 겪으면서도 돈을
모아 북한에 있는 가족에게 송금하는 탈북인들의 삶은 1960년대 서독
에서 광부, 간호사로 일하면서 번 돈을 한국에 부치던 영화 「국제시장」
의 주인공 덕수나 영자와 크게 다르지 않아 보입니다. 탈북인 대신 '북
한 이주민'이란 호칭을 쓰는 건 어떨까요?

화교가 없는 나라

한국 사회에서 차별받는 이들 중에서 화교(재한중국인)도 빼놓을 수 없습니다. 여기서 '화교'는 조선 말기인 1882년부터 한반도에 정착한 중국인들로, 1992년 한국과 중국이 수교한 이후 한국에 들어온 중국인들과 다릅니다. 이 화교들은 일본에 거주하는 재일 코리안들보다도 더 심한 차별 속에 살아 가고 있습니다.

재일 코리안들은 특별영주자로 분류돼 선거권을 가질 수 없는 등 차별이 적지 않지만, 그래도 공립학교 교사나 지방자치단체의 공무원은 될 수 있습니다. 사법시험에 합격하면 판검사는 될 수 없지만 변호사 활동은 할 수 있습니다. 반면 한국 화교들은 공립학교 교사와 지방자치단체 공무원이 될 수 없고, 사법시험 응시 자격도 주어지지 않습니다. 재일 코리안은 일본인과 거의 같은 복지 혜택을 받을 수 있지만, 화교들은 아동수당을 받을 수 없습니다. 화교들이 재일 코리안에 비해 유일하게 나은 점은 지방 선거 투표권이 있다는 것뿐입니다. 이 역시 화교에 대한 지위를 높이기 위해서라기보다 일본 정부가 재일 코리안에게 선거권을 부여하도록 압박하려는 정치적 목적이 강했습니다.

1990년대 들어 완화되긴 했지만 한동안 화교들은 일정 규모 이상의 부동산을 살 수도 없었습니다. 화교들은 영주권이 아니라 3년마다 거주 자격 신고를 해야 했고, 외국에 나갔다 들어올 때는 한국 법무부의 '재입국 허가'를 받아야 했습니다. 한 화교는 1980년대 대만에 유학했다가 3년마다 해야 하는 거주 자격 신고를 하지 못해 한동안 한국과 대만, 중국 대륙을 떠돌아 다녀야 했다고 합니다.

화교 연구자인 인천대학 교수 이정희가 『화교가 없는 나라』에서 재일동포 학자 고 강재언 선생과 1999년에 나눈 대화는 여러 생각거리를 던져줍니다.

강 교수는 일본의 여러 도시에서 강연을 할 때, 일본인의 재일한국인에 대한 차별 문제를 성토하는 이야기를 자주 했다고 한다. 강연 후 몇몇 청중으로부터 감사의 편지를 받곤 했는데, 어느 날은 "한국의 화교가 얼마나 한국 사회에서 차별을 받고 있는지 선생님은 알고 계시는지요?"라는 항의성 편지를 접했다고 한다. 이후에도 몇 번이나 이런 내용의 편지를 받은 강 교수는 강연에서 일본인의 재일한국인 차별 문제를 더 이상 말할 수 없게 되었다는 것이다.

-이정희, 『화교가 없는 나라』

재일 코리안들이 일본에서 받는 차별은 많이 알려져 있지만, 우리와 함께 살아가는 화교들이 더 심한 차별을 받아온 사실을 아는 이들은 많지 않은 듯합니다. 남의 눈에 있는 티끌을 지적하면서 내 눈 안에 있는 들보는 보지 못한 셈입니다.

2. 북한을 어떻게 이해해야 할까

역지사지의 자세로 본다면

2018년 평창 동계 올림픽을 시작으로 남북 관계가 복원된 이후 북한이 보여 준 모습은 사람들에게 희망을 품게 했습니다. 은둔의 지도자 김정은 북한 국무위원장은 보통의 지도자와 크게 다를 것 없는 언행으로 사람들을 어리둥절하게 했습니다. 2018년 4월 판문점과 9월 평양에서 열린 남북정상회담에서 만난 문재인 대통령을 깍듯이 예우하는 모습도 인상 깊었습니다. 그해 6월 싱가포르에서 사상 처음으로 열린 북미정상회담에서도 김정은 위원장은 예의를 갖추면서도 할 말을 빼놓지 않는 태도로 도널드 트럼프 미국 대통령과 대면했습니다.

그런데 2019년 2월 베트남 하노이에서 열린 북미정상회담이 성과 없이 끝난 이후 북한의 태도가 달라졌습니다. 남북 관계도 개점휴업 상태가 이어졌고, 한국을 향해 거친 말을 쏟아내기도 했습니다. 한 해 전의 '쿨한' 태도와는 전혀 딴판이 된 것입니다. 그러다가 넉 달 뒤인 6월 30일 한국을 방문한 미국 트럼프 대통령과 김정은 위원장이 판문점에서 깜짝 회동을 했고, 문재인 대통령과도 만났습니다. 전쟁 당사국 북한과 미국의 최고 지도자가 1953년 정전 협정이 체결된 이래 처음으로 분단의 상징인 판문점에서 평화의 악수를 한 것입니다.

하지만 북미 협상이 결실을 거두어 북미 관계가 정상화되고 한반도

위: 2019년 6월 30일 판문점에서 북한 김정은 국무위원장과 미국 트럼프 대통령이 만나 손을 맞잡았다. 아래: 트럼프 대통령은 경계석을 건너 미국 대통령으로는 처음으로 북측 영토에 발을 디뎠다.

평화 체제가 정착되기 전까지 남북·북미 관계는 냉온탕을 오가게 될 것입니다. 우리에게는 북한이 변덕스러운 모습으로 비춰질 것입니다.

그런데 세상의 모든 사물은 다른 사물과 서로 관련을 맺고 상호 작용하면서 존재합니다. 상대방과 영향을 주고받으며 이 과정에서 성질이 변하기도 합니다. 이런 점들을 무시한다면 자연이나 인간, 사회를 제대로 인식할 수 없습니다. 북한도 예외는 아닐 것입니다. 북한이 이해하기 힘든 행동을 한다면 상대방인 미국과 한국에 문제는 없는지도 돌아봐야 균형 있는 판단을 할 수 있습니다.

북한으로서는 약속을 해 놓고 지키지 않는 미국과 한국에 서운함이 있을 것입니다. 예를 들어 판문점선언에서 남북 관계를 전면적으로 발전시키기로 약속했습니다. 그러나 유엔의 대북 제재, 미국과의 관계 때문에 한국이 지키지 못하는 것들이 적지 않습니다. 미국도 싱가포르 북미정상회담에서 새로운 관계 수립과 한반도 평화 체제 구축을 약속했습니다. 북한은 정상 회담에서 약속한 '미군 유해 송환'을 이행했고, 정상 회담 전에 핵 실험장을 폭파하고 미사일 발사대를 해체하는 등 비핵화 의지를 실행에 옮겼습니다. 그런데 미국은 이에 걸맞은 상응 조치를 취하지 않았습니다. 북한의 안전 보장을 뒷받침할 '종전 선언'을 곧 할 것처럼 하다가도 미루었습니다. 트럼프 대통령은 "김정은 위원장과 좋은 관계를 유지하고 있다."는 말만 반복할 뿐 행동으로 보여주는 데는 인색합니다.

미국과 협상이 좀처럼 풀리지 않자 북한은 2019년 5월부터 단거리

미사일을 발사해 주변국을 긴장시켰습니다. 북한의 행동은 남북 군사 합의 취지에 맞지 않을뿐더러 남북 관계와 북미 관계를 어렵게 만들고 있습니다. 하지만 우리도 군사 면에서 약속을 지키지 않았다는 것을 알고 있나요? 2018년 트럼프 대통령은 한미 군사 훈련을 중단하겠다고 김정은 위원장에게 약속했지만, 한미는 축소된 형태로 군사 훈련을 계속하고 있습니다.

이뿐만 아니라 문재인 정부는 2019년 국방비를 8.2퍼센트 인상하는 등 5년에 걸쳐 대규모 군비 증강을 추진하고 있습니다. 게다가 세계에서 두 번째로 강력한 전투기로 불리는 F-35 스텔스기를 40대나 배치하기로 했습니다. 물론 이는 2014년 박근혜 정부 때 결정된 것이긴 하지만 판문점선언에서 합의한 '단계적 군축' 취지에 맞지 않는 것도 사실입니다. 북한으로서는 불만을 가질 수밖에 없지 않을까요?

만약 소련의 극동 해군 기지 블라디보스토크에 있는 막강한 극동 함대와 동시베리아의 육군이 북한 인민군 20만과 합쳐서, 소련의 핵 항공모함을 휴전선 바로 북쪽 동·서해 앞바다에 갖다 놓고, 25척의 각종 함정에 핵무기를 적재하고, 핵 폭격용 베아폭격기 편대가 휴전선 상공과 동·서해 상공을 왔다 갔다 한다고 상상해 봅시다. 막강한 동시베리아의 소련 육군과 북한 인민군, 그리고 중공군까지 합쳐서 25만이 '방어 연습'을 한다면서 휴전선 바로 북방에서 한 달 동안 상륙 작전 훈련을 하고 핵 폭격 연습을 한다고 생각해 보십시오. 하루 이틀도 아니고

1976년부터 1993년까지 한국군과 미군은 한반도에서 지구상 최대 규모의 '팀스피리트' 훈련을 벌여 왔습니다. 이때마다 북한은 격렬하게 반발했습니다. 우리는 "방어용 연습인데 웬 호들갑이냐?"며 오히려 북한을 비판했습니다. 그런데 앞의 글처럼 북한이 비슷한 규모의 전쟁 연습을 해마다 해 왔다면 우리는 이를 대수롭지 않게 받아들일 수 있을까요? 리영희는 "상대방의 행동을 비난하고 싶을 때 자기가 그 행동을 하면 상대가 어떻게 생각할까를 생각해 보는 '자신의 객체화'의 이성적 사고력과 지혜가 있어야 한다."라고 했습니다. 북한을 이해하려면 '역지사지'의 태도가 필요하다는 것이죠. 북한이 대결해 파멸시켜야 할 존재가 아니라 평화롭게 협력하며 언젠가는 통일해야 할 상대라고 한다면 어느 정도는 북한 입장에서 사태를 바라볼 필요도 있습니다.

북한 사회는 어떻게 변화할까

북한은 세계에서 유례가 드문 폐쇄된 독재 국가입니다. 거주 이전의 자유가 주어지지 않고 대규모 정치범 수용소를 운영하는 인권 탄압 국가로 국제 사회의 비판을 받고 있습니다. 3대에 걸친 세습을 보면 그들이 표방하는 사회주의 국가가 맞는지 의문스럽기도 합니다.

하지만 북한 체제가 늘 지금과 같았던 것은 아닙니다. 소련과 동유럽 사회주의 국가들이 존속하던 1980년대까지를 보면 북한은 사회주의 국가에서 조금 다른 정도였습니다. 북한이 1970년대 동서 긴장 완화 시기에 서유럽, 일본과도 무역을 한 사실을 알고 있나요? 유럽이나 일본에서 공장 설비 등을 수입하고, 이를 광물 수출로 벌어들인 외화로 갚는 방식이었습니다. 그런데 오일 쇼크로 광물 가격이 폭락하면서 무역 대금을 갚지 못하는 사태가 발생했습니다. 이후 북한과 서방의 교역은 사실상 중단되었고, 설비 노후와 생산 감소 등으로 경제가 서서히 쇠퇴하게 됩니다.

그러다 1980년대 말 소련과 사회주의 국가들이 붕괴하면서 북한 경제는 치명타를 입게 됩니다. 예를 들어 연간 50만 톤의 원유를 '우호 가격'으로 싸게 공급해 왔던 소련이 붕괴된 다음 원유 공급이 중단되면서 북한의 에너지 상황은 크게 악화되었습니다. 북한은 세계에서 화학 비료를 가장 많이 사용하는 나라에 속할 정도로 석유 의존도가 컸던 만큼 수급 차질은 경제 붕괴로 이어졌습니다. 석유가 끊기자 공장 가동이 중단되었고, 물류도 마비되었습니다. 1980년대까지만 해도 연간 1~2퍼센트씩 성장하던 북한 경제는 1991년 마이너스 3.5퍼센트 성장을 시작으로 8년 연속 마이너스 성장을 합니다.

경제가 뒷걸음질하자 북한은 미국, 일본과 관계를 개선하며 서방 자본주의 경제와 교류를 시도하지만 1990년대 초 북한의 핵 개발 의혹이 제기되면서 이 역시 어려움을 겪게 됩니다. 1994년 김일성 주석이 사망하면서 구심점마저 사라졌고, 가뭄과 홍수 등 자연재해가 겹치면서 심각한 식량난을 겪게 됩니다.

'고난의 행군'이라고 불리는 1990년대 중반의 어려운 시기를 지나면서 북한은 우리가 알던 북한과 많이 달라졌습니다. 배급 체제가 여전히 남아 있긴 하지만 민간 경제에 대한 국가의 책임을 줄이는 대신 기업과 농장이 시장과 무역을 활용해 생활 소비품을 생산하고 판매하는 것을 허용합니다. 이 과정에서 개인들의 상업 및 제조 행위가 확대되고 많은 자금을 동원할 수 있는 '돈주'라는 사업가가 등장할 정도가 되었습니다.

이런 북한의 변화를 두고 자본주의화가 진행되고 있다고 보는 견해가 있는가 하면 국영 경제와 시장의 공존으로 보기도 합니다. 일부 전문가들은 북한의 협동조합 시스템에 주목하면서 자본주의 경제와는 또 다른 '사회적 경제'가 북한 경제를 보완하고 있다는 주장을 내놓기도 합니다.

변화의 구체적 양상은 좀 더 분석이 필요하겠지만 어쨌거나 전체적으로 북한의 지금을 한마디로 표현하면 '잘살아 보려는' 부흥 의지가 충만한 신흥 개발 국가로 볼 수 있지 않을까요?

북한이 경제를 재건하고 부흥하려면 두 가지가 필요합니다. 국가의 안전 보장과 국제 사회의 경제 제재 해제입니다. 국가의 안전이 보장되어야 군사 부문에 대한 과도한 투자를 경제로 돌릴 수 있습니다. 또 국제 사회의 제재가 풀려야 외국 자금을 유치해 산업 발전을 위한 투

2000년 11월 18일 베트남을 방문한 미국 클린턴 대통령을 시민들이 환영하고 있다.

자에 나설 수 있습니다.

이는 북한과 미국이 벌이는 비핵화 협상의 핵심 의제이기도 합니다. 북한은 국가 안전이 보장된다는 확신이 있으면 핵무기를 포기하겠다는 뜻을 여러 번 밝혔습니다. 미국과 협상이 잘 풀려서 핵무기를 포기하고, 그 대가로 안전 보장과 경제 제재 해제가 이뤄진다면 북한이 경제에 매진할 수 있는 환경이 조성되는 것입니다.

북한과 비슷한 베트남의 개혁·개방 사례를 살펴보면 북한의 미래에 대한 그림이 그려질 것입니다. 베트남은 프랑스의 식민 지배를 받아오다 1954년 전쟁으로 독립했습니다. 하지만 제네바 평화 협정에 따라 북위 17도선을 경계로 남북으로 분단되었습니다. 남북이 완전한 통일을 이루기 위해 끊임없이 충돌하자 미국이 1964년부터 베트남 전쟁에 본격 개입하지만 실패하고 1973년 철수합니다. 그리고 1975년 베트남 공산당이 이끄는 북베트남 주도로 통일이 이뤄집니다. 하지만 1978년 베트남이 캄보디아를 침공하자 국제 사회가 경제 제재 조치를 취했고, 베트남은 고립됩니다.

베트남 공산당은 1986년 '도이머이'라는 이름의 개혁·개방 정책을 채택합니다. 도이머이는 바꾼다는 뜻인 베트남어 '도이'와 새롭다는 뜻인 '머이'의 합성어입니다. 토지의 국가 소유와 공산당 지배 체제를 유지하되 시장 경제를 도입하고 농업을 개혁해 경제 발전을 꾀하기로 한 것입니다.

베트남 정부는 1988년 베트남 땅에 묻힌 미군 유해의 발굴을 허용하면서 미국과 관계 개선을 모색합니다. 1989년에는 캄보디아에서 베트남군이 철수합니다. 미국도 이에 화답해 1991년 미군 유해를 수색하기 위한 현장 사무소를 베트남 수도 하노이에 개설한 데 이어 미국인의 베트남 방문을 허용했습니다.

1994년 빌 클린턴 미국 대통령은 베트남 경제 제재를 전면 해제했고 이듬해인 1995년 정식으로 베트남과 국교를 정상화합니다. 미국과 국제 사회의 경제 제재가 풀리자 세계은행 등 국제 금융 기구가 베트남의 경제 성장을 지원합니다. 미국은 2000년 베트남과 무역 협정을 체결해 베트남 상품에 대한 관세를 없앴습니다. 1995년 4억 5,000만 달러 수준이던 두 나라 교역액은 2017년에는 540억 달러가 되었습니다. 베트남은 2007년 세계무역기구(WTO)에 가입해 국제 교역 시장에 본격적으로 진출하면서 무역을 통한 성장을 가속하게 됩니다. 북한도 핵 문제가 협상으로 해결된다면 베트남과 비슷한 여정을 걷게 될 것이라 예측해 봅니다.

---

3. 우리 마음속의 분단선을 지우자

우리 사회의 군사주의 문화

한국 사회는 해방과 전쟁, 분단을 거치며 보수, 진보의 갈등이 깊게 뿌리내렸습니다. 1961년 군사 쿠데타로 집권한 박정희 대통령과 1980년 광주 민주화 운동을 폭력으로 진압하고 정권을 잡은 전두환 대통령에 이르는 26년 동안 진보 세력은 명맥을 잇기조차 쉽지 않을 정도로 탄압을 받았습니다. 그러다 보니 보수·진보의 갈등은 오히려 적은 편이었습니다. 하지만 1987년 6월 항쟁으로 대통령 직선제 개헌이 이뤄지는 등 민주화가 진전되면서 보수·진보의 갈등은 다시 격화됩니다.

갈등 자체가 존재하지 않는 사회는 없을 것입니다. 갈등을 어떻게 관리하면서 해결점을 찾아나가느냐가 중요합니다. 하지만 한국 사회의 갈등 수준을 보면 '선을 넘었다'는 느낌이 들 정도입니다.

이렇게 갈등이 심각한 이유는 남북 분단과 전쟁, 그리고 오랜 세월에 걸친 남북 간 긴장이 크기 때문입니다. 한국전쟁은 피해를 당하지 않은 국민이 거의 없을 정도로 사람들에게 물질적·정신적 상처를 안겼습니다. 처절한 전쟁에서 살아남기 위해 사람들은 어느 편인지 확실히 해야 했습니다. 이쪽도 저쪽도 아닌 '회색 지대'를 용납하지 않는 흑백 논리가 사회를 지배했습니다. 이런 편 가르기 문화는 전쟁이 끝난 지 70여 년이 되었지만 누그러지기는커녕 더 고질화되었습니다. 지금도 국회 토론부터 인터넷 댓글에 이르기까지 적이냐 아군이냐를 가르기 일쑤지 않습니까?

군인 출신 정치인들은 사회 전체를 병영 국가로 만들었고, 상명하복의 군사주의 문화를 심었습니다. 군사주의의 특성은 차이와 다양성을 용납하지 않는 획일주의입니다. 민주화가 이뤄진 지 30년이 넘었지만 군사주의의 잔재가 완전히 사라졌다고 보기는 힘듭니다. 상명하복 문화는 '갑질' 문화로 변질되어 여전히 기승을 부리고 있습니다.

> "우리가 행복해지려면 안보보다 탈군사화가 국정의 핵심 과제로 부상해야 한다. 탈군사화를 이루자면 한국 사회는 먼저 몇 가지를 이해해야 한다. 군복 입고 해병대 훈련을 받는 초등학교 꼬마들은 전체주의 사회에서나 볼 수 있다는 점, 상명하복하는 위계질서의 내면화는 개인과 사회를 황폐화시킨다는 점, 그리고 대한민국이 미군 무기상들에게 건네는 돈의 절반이라도 남북 경제 협력에 썼다면 우리는 이미 남북 평화 공존의 시대에 진입했을 것이라는 점 등을 인지해야 한다."

　　박노자 노르웨이 오슬로대학 교수는 '군사주의'에 길들여져 있는 한국 사회를 비판합니다. 러시아 출신으로 우리나라에 귀화한 박노자는 우리는 익숙해져 잘 의식하지 못하는 군사 문화의 폐해를 날카롭게 포착하고 있습니다. 군사주의 문화는 개인의 능동성, 창의성이 꽃피는 데 방해가 될 뿐 아니라 도덕적이고 좋은 삶을 살 수 없도록 합니다. 더구나 이것이 분단과 남북의 대결, 북한과 미국의 대결이라는 한반도 정세와 맞물리게 되면 '맹목적 반북·친미주의'로 연결됩니다.

　　군사주의, 맹목적 반북·친미주의를 공고히 하는 데는 한국 언론들의 책임이 큽니다. 2016년 한국의 신문들은 '김정은 제거 특수 부대', '북한 지도부 참수 작전'이라는 기사들을 실었습니다. 2017년에는 '유사시 김정은 제거 임무를 맡을' 한미 특수 부대가 함께 훈련하고 있다는 뉴스도 흘러나왔습니다. 유엔에 가입된 주권 국가 지도자를 공격할 준비를 공개적으로 하는 것은 침략 행위를 금지한 유엔 헌장 제2조 제4항에 위배될 수 있지만 한국에서 이를 비판하는 목소리는 들리지 않았습니다.

　　미국의 조지 부시 대통령은 김정일 국방위원장을 '난쟁이(pygmy)'라고 불렀습니다. 한 나라의 지도자가 주권 국가 지도자의 신체적 특징을 거론하며 혐오 표현을 하는 것도 전례 없는 일입니다. 하지만 국내 언론들은 이런 발언들을 비판 없이 보도하기 바빴습니다.

미국에서 나오는 메시지는 일단 긍정하고 보는 습성이 비판 의식을 마비시킨 것입니다. 미국이 자신의 말을 고분고분 듣지 않는 나라들을 국제 사회에서 격리하고 봉쇄하는 데 이런 이미지 전략은 꽤나 효과적인데, 그 전략이 가장 잘 먹혀드는 나라가 한국일지도 모릅니다.

2003년 미국이 이라크를 침략했을 때도 마찬가지입니다. 한 나라가 타국에 행하는 불법적인 선제적 무력행사를 침략이라고 한다면 미국의 이라크 전쟁은 이 요건에 정확히 들어맞습니다. 하지만 국내 언론들은 대부분 '침략' 대신 '침공', '공격'으로 표현했습니다. 일본의 조선 침략을 '진출'이라고 표현하는 일본의 역사 왜곡과 다를 게 없어 보입니다. 심지어 이 부당한 전쟁에 한국 정부는 군대를 보내기도 했습니다.

반북·친미주의가 공고히 결합되어 있는 한국 사회에서 온전한 평화를 꿈꾸기는 쉽지 않습니다. 이 이데올로기에서 벗어나지 않는다면 남북 관계의 발전과 한반도 평화 정착은 요원할 것입니다.

소국 의식과 피해 사관에서 벗어나야

한국은 경제협력개발기구 회원국이자 경제 강국입니다. 워낙 강한 나라들에 둘러싸여 있기 때문에 스스로 늘 약소국으로 여기지만 이런 '소국 의식'에 안주하는 것은 바람직하지 않습니다. 정부가 외교 방면에서 때로는 독자적 목소리를 낼 필요도 있습니다. 시민들도 필요하면 미국에 항의하고 '노(No)'라고 외칠 줄 알아야 합니다. 맹목적 반북·친미주의가 우리 운명을 스스로 제약하지는 않는지 끊임없이 되돌아봐야 합니다. 미국 정부는 동맹국인 한국 내 여론에 생각보다 민감합니다.

"현대 한국 시기 동안의 수십 년을 넘어, 누천 년 동안 켜켜이 쌓들어 왔던 피해 사관을 넘어설 때만이 우리가 진정 화해와 평화를 위해, 세계 시민이자 주체로서 한 걸음 더 나아갈 수 있다고 봅니다."

박명림, 『한국지성과의 통일대담』

연세대학교 교수 박명림은 통일을 이루려면 한국이 피해 사관에서 벗어나야 한다고 합니다. 무슨 말인지 선뜻 이해가 가지 않지요? 박명림은 한민족이 피해 민족이 아니라 가해 민족이라고 합니다. 그의 말을 조금 더 인용하겠습니다.

"한국 민족은 항상 국제 분난의 피해 때문에 전쟁이 난 것처럼 얘기하지만 분단되었다고 전쟁한 나라는 몇 나라 안 됩니다. (중략) 이승만, 김일성이 상호 방문하지 못해 세계 냉전을 앞당겨 고착시키고 전쟁까지 치르면서 얼마나 무고한 세계 청년들이 죽어야 했습니까. (중략) 우리는 그 사실에 대해 사과하거나 반성한 적이 없습니다. 일본이 철저하게 과거 청산을 하지 못하고 세계에 당당하게 복귀할 수 있었던 것도 한국전쟁 때문입니다."

박명림, 『한국지성과의 통일대담』

그의 말은 남북이 미국과 소련에 점령된 상황에서라도 분열을 막고 남북이 하나 되는 길을 모색할 수 있었지만 결국 그러지 못했던 것, 분단을 평화롭게 관리하지 못하고 전쟁으로까지 치달으면서 수많은 희생자를 낸 우리 잘못에 책임 의식을 느껴야 한다는 것입니다. 그 때문에 미군, 중국군은 물론 유엔군에 속한 세계 각국의 청년들이 죽었고, 일본이 전쟁에 대해 반성할 겨를도 없이 재무장에 나설 수 있었습니다.

우리는 일본이 과거사에 대한 반성 없이 군사 대국화를 꾀하고 보수화한다고 비판하지만, 한국전쟁이 그 원인을 제공했다는 점은 주목하지 않습니다. 즉 남북이 평화를 이루지 못한 것이 오늘날의 보수화된 일본을 만들어 낸 원인의 하나라는 것입니다.

평소 생각해 보지 못한 관점이지요? 그의 말은 경청할 가치가 크다고 생각합니다. 4부에서 살펴본 것처럼 분단을 막고 10년 만에 통일 독립을 이뤄 낸 오스트리아를 생각해 보면 그럴 법합니다. 남 탓만 하는 피해 의식에서 벗어나야 우리 문제를 객관적으로 인식할 수 있고, 주변 국가들과 관계도 새로운 시각으로 볼 수 있습니다. 나아가 우리 운명을 능동적으로 개척해 나가려는 자세도 길러질 것입니다.

관용과 포용의 정치 문화를 위해

"저는 통일을 남북 문제로 접근하기 이전에 거쳐야 할 단계가 남남통합, 남남연대, 남남평화라고 생각합니다. 또 남한의 복지와 자유와 평등이라고 생각합니다. 예컨대 남한을 체제 대안으로 여긴 북한 주민 탈북자들이 3만이 아니라 30만, 130만이 될 수 있는 자유롭고 평등하며 평화로운 복지 사회를 만들 수 있다면, 그것이 곧 통일로 가는 지름길이 되는 거죠."

박명림, 『한국지성과의 통일대담』

위 글에서 지적하듯 통일은 우리 사회와 정치의 변화와 깊숙이 연결되어 있습니다. 통일을 위해서는 우리 정치 구조가 바뀌어야 합니다. 한국 정치권에서는 오스트리아처럼 분열을 막고 통합에 진력했던 정치인들을 찾아보기가 힘듭니다. 국회에서 건전한 토론을 벌이기보다 당리당략을 위해 서로 비난하기 바쁩니다.

정치권이 분열과 대립을 거듭하는 이유를 생각해 보면 대통령에게 권한이 너무 집중되어 있는 탓도 있습니다. 선거에서 진 야당은 정부를 비판하는 것 외에는 딱히 할 일이 없습니다. 그러다 보니 소모적인 정쟁에만 몰두하게 되는 것이죠.

통일을 이룬 오스트리아나 서독은 내각 책임제를 채택하고 있습니다. 내각 책임제에서는 다른 당과 연립 정부를 구성하는 경우가 많습니다. 이때 극좌나 극우를 배제한 중도 좌파와 중도 우파가 연립해 내각을 구성하게 마련입니다. 이렇게 되면 중도적이고 포용적인 정치가 가능해집니다. 정치권이 중도적이고 포용적으로 바뀐다면 그 영향을 받아 사회도 관용, 공존, 평화의 가치를 중시하게 될 것입니다.

그런데 권력 구조만 바꾼다고 정치가 바뀔까요? 그렇지 않습니다. 여기서 독일의 경우를 잠깐 살펴볼 필요가 있습니다.

> 오늘의 독일은 68세대의 작품이다. 부조리한 세계, 억압적인 사회를 근본적으로 변혁하고자 했던 68혁명의 소용돌이 속에서 성장한 세대가 오늘의 독일을 만든 것이다. 68세대는 나치 전력을 가진 자가 수상이 되는 파렴치한 나라를 철저한 '과거 청산의 나라'로 바꾸어 놓았고, '라인강의 기적' 속에 사회적 불평등이 심화되던 나라를 모범적인 복지국가로 변화시켰으며, 사회의 모든 영역에서 민주주의를 '감행'함으로써 풀뿌리 민주주의를 정착시켰고, 동서독의 오랜 적대를 허물고 평화의 시대를 열어 젖힌 동방 정책을 발전시켰다. 한마디로, 68세대는 '새로운 독일'을 탄생시켰다.
> ─ 김누리, '독일의 68세대와 한국의 86세대', 「한겨레」 칼럼, 2019년 5월 6일

중앙대 교수 김누리의 지적처럼 독일은 68혁명으로 구질서를 깨뜨리고 사회를 바꾸는 데 성공했습니다. 반면 한국에서는 이런 혁명이 이뤄지지 못했습니다. 1987년 '6월 항쟁' 결과 대통령을 직접 뽑는 정치 민주화가 이뤄졌을 뿐 사회를 질적으로 바꾸지는 못했습니다. 30년 뒤인 2017년 '촛불혁명' 과정에서 많은 사람이 정치권력의 교체뿐 아니라 경제·사회·문화 등 각 방면의 민주화가 이뤄질 것을 꿈꿨지만, 아쉽게도 한국 사회는 크게 달라지지 않고 있습니다.

한국 사회가 근본부터 달라져 좋은 사회가 되지 않는다면, 설사 통일이 된다고 해도 지속 가능할지 의문입니다. 자칫 새로운 분열이 시작될지 모릅니다. 통일은 한국 사회를 새롭게 바꾸는 일과 떼놓고 생각하기 어렵습니다. 그렇다면 어떻게 해야 한국을 좋은 사회로 바꿀 수 있을지를 고민해 봐야 합니다.

이 문제는 이 책의 범위를 넘어서는 만큼 더 다루지는 않겠습니다. 다만, 한국 사회가 포용력을 길러 나가는 데 가장 큰 역할을 하는 것은 정치라는 점을 인식하고, 정치가 제 기능을 하도록 관심을 갖고 참여하는 태도는 꼭 필요할 것입니다.

6부

—

미리 써 본
통일 시나리오

지금까지 살펴본 것을 토대로 통일 시나리오를 제시해 보겠습니다.

　남북 화해 협력을 심화하는 것이 첫 단계입니다. 이 단계에서는 사람들이 자유롭게 남북을 왕래하고, 경제 협력을 본격화합니다. 한국 학생들은 경의선과 경원선 철도로 개성, 금강산, 백두산으로 수학여행을 떠납니다. 북한 학생들 역시 부산과 통영, 제주도로 수학여행을 오게 됩니다. 평양과 백두산 관광이 포함된 한묶음 여행 상품에 사람들이 몰리면서 북한 여행 붐이 일고 '평양 한 달 살기'가 젊은 층 사이에서 새로운 트렌드로 등장합니다. 무더운 여름에는 서늘한 개마고원을 종단하는 트레킹 상품도 등장할 것입니다.

　포스코 같은 철강 기업들은 철광석을 구하러 남미까지 갈 필요가 없습니다. 남북을 연결하는 철도·도로로 북한의 철광석을 실어 나릅니다. 남북을 잇는 교통이 편리해지면서 북한의 풍부한 자원을 이용하는 남한 기업들이 늘어납니다. 북한 지역에서 사업할 기회가 생기면서 기업들의 북한 사업 본부와 출장소가 속속 들어서고, 북한에 몇 년씩 상주하는 남한 사람들도 생겨납니다. 체류 기간 중 북한 사람과 사랑에

빠져 남남북녀, 남녀북남 커플이 탄생하기도 합니다. 남북의 충돌이 잦았던 서해 해상에는 공동 어장이 만들어져 남북의 어선들이 사이좋게 고기를 잡습니다.

남북 문화 예술 부문에서는 일제 강점기 항일 투쟁을 그린 합작 영화가 백두산 현지 촬영으로 제작됩니다. 고려 시대 국제 무역항으로 중국은 물론 아라비아 상인들까지 드나들었던 벽란도를 소재로 한 역사 드라마도 만들어질 수 있습니다. 남북 음악계도 협연이 활발해지면서 합동 외국 공연이 세계적인 화제를 모읍니다. 남북 주민들은 상대방의 신문과 방송을 자유롭게 접할 수 있습니다.

남북 이산가족은 이제 금강산 면회소를 벗어나 고향땅에서 가족을 만납니다. 이산가족은 물론이고 북한 이주민도 자유롭게 남북을 드나들 수 있습니다. 이들은 한국 기업들의 북한 투자를 돕는 컨설턴트로 각광받습니다. 남북 사회를 함께 겪어 보았기에 한국 기업을 안내하는 훌륭한 길잡이 역할을 합니다.

북한의 냉면, 온반 같은 전통 음식은 물론 최근 각광받고 있는 타조고기 요리도 한국에 진출합니다. 냉면으로 유명한 옥류관이 서울을 비롯해 전국에 분점을 내면서 손님들이 문전성시를 이룹니다.

북한의 최고 대학인 김일성종합대학과 서울대학교, 김책공대와 카이스트에 교환 학생 제도가 생기고 과학 기술 부문에서 남북 공동 연구도 활발해집니다. 북한 유학생들이 한국의 대학을 졸업한 뒤 한국에서 취업하거나 대학원을 거쳐 미국 등지로 유학을 갈 수도 있습니다.

다시 북한으로 돌아가서 남북 합작 기업에 취직하는 이들도 있습니다.

꿈같은 얘기일지 모릅니다. 하지만 정치적으로 갈등이 여전한 중국과 대만 사이에도 이런 일들은 일상적으로 벌어지고 있습니다.

이렇게 남북 교류 협력이 활발해지면서 '사실상의 통일' 상태가 이뤄집니다. 물론 정치적으로는 해결해야 할 일들이 적지 않지만 경제·사회·문화적으로는 공동체 단계에 진입합니다. 다만 이런 단계로 진입하기 전에 북한의 비핵화가 상당한 정도로 진전되어 유엔 등 국제 사회의 대북 경제 제재가 풀려야 합니다. 현재의 제재 상태에서는 북한에 대한 인도적 지원 정도만 허용될 뿐 경제 협력은 불가능하기 때문입니다.

이렇게 남북 화해와 교류 협력을 심화하면서 남북은 서로를 부정하는 각종 법과 제도를 고치게 될 것입니다. 북한을 반국가 단체로 규정한 국가보안법이 개정 혹은 폐지되고, 북한도 '전국적 범위에서 민족 해방, 민주주의 혁명', 즉 적화 통일을 목적으로 명시한 조선 노동당 규약을 바꿉니다. 현실에 맞지 않게 된 법과 제도를 고치는 것은 자연스러운 일이겠죠.

북한이 미국, 일본과 수교를 마무리하면 이를 토대로 한반도 평화 체제가 완성 단계에 접어들 것입니다. 1953년 한국전쟁 휴전 때 체결된 정전 협정은 평화 협정으로 바뀌어 한반도에서 다시는 전쟁이 일어나지 않도록 남북과 국제 사회가 보증하게 됩니다.

이 단계에서 동북아 다자 안보 협력 체제도 추진됩니다. 냉전이 한창이던 1975년 핀란드 헬싱키에서 출범한 유럽안보협력회의(CSCE)가 모델입니다. 미국과 구소련, 영국, 프랑스, 독일 등 대립하던 동서 진영 국가들이 함께 참여한 유럽안보협력회의는 무력 사용을 배제하고 대화와 타협으로 분쟁을 예방하며 분쟁이 발생했을 경우 평화적인 수단으로 해결하려는 협의체입니다. 중국·러시아 같은 북한의 전통 우방국, 미국·일본 등 냉전이 끝났음에도 여전히 갈등 요인을 안고 있는 나라들로 둘러싸인 한반도 상황에서는 '동북아안보협력회의'가 지역 평화를 유지하는 대안이 될 수 있습니다.

이 과정에서 한반도의 중립 지대화를 이루기 위한 국제적 보장을 받아내 중립화 통일의 길을 닦을 수도 있습니다. 그러자면 남북이 군비 축소를 추진하는 한편 주한 미군도 조정해야 합니다. 완전한 중립을 이루려면 외국군 주둔을 허용해서는 안 되지만, 워낙 중대하고 민감한 문제이기 때문에 현재로서는 판단하기 어렵습니다. 다만, 북한이 최근 들어 통일 이후에도 주한 미군의 주둔을 허용하겠다는 견해를 보이는 만큼, 미군이 평화 유지군 성격으로 주둔하는 방안도 생각해 볼 수 있습니다. 즉 미국의 군사 전략을 이행하는 임무를 수행하는 것이 아니라 동북아시아의 평화를 유지하기 위한 경찰 역할을 하는 것입니다. 이때 주한 미군은 '동북아안보협력기구'가 통제하는 방안도 바람직해 보입니다.

이렇게 한반도 평화를 보장하기 위한 다자 협력 체제가 마무리된 뒤에는 남북 연합을 추진할 수 있습니다. '민족통일최고회의' 같은 최고 기구를 만들어 통일 준비 작업을 전담하도록 합니다. 남북 연합에 대한 국민 동의를 얻기 위해 남북이 각각 국민투표를 실시할 수도 있습니다. 다만, 4부 '비핵화와 남북 연합을 동시에 추진한다면?' 상자 글에서 살펴본 것처럼 남북 간에 어느 정도 신뢰가 쌓이는 단계에서 남북 연합을 조기에 선포할 수도 있습니다. 한반도 중립 지대화 작업이 주변국의 동의를 받는다면 남북이 통일 이전에 중립국을 선언할 수도 있습니다.

남북 연합이 순조롭게 이뤄진 뒤 완전한 통일로 가기 위한 여론과 여건이 무르익으면 통일 헌법을 마련하고 헌법에 따른 총선거를 실시해 통일 정부와 국회를 구성합니다.

이렇게 해서 완전한 통일로 가는 여정은 최소 수십 년 또는 100년 넘게 걸릴 수도 있습니다. 그러니 어떤 수단을 써서라도 통일로 가면 된다는 식의 생각은 바람직하지 않겠지요. 어떤 과정을 밟아 통일되느냐가 더 중요합니다. 통일 과정에서 갈등과 혼란이 커진다면 그 통일은 안 하느니만 못합니다. 그래서 이 문제를 오랫동안 다뤄 온 전문가들은 "통일은 과정이다."라는 말을 하기도 합니다.

내 마음에 흐르는 시냇물 마음의 골짜기로
물살을 가르는 물고기 떼 물 위로 차오르네
냇물은 흐르네 칠망을 헤집고

싱그러운 꿈들을 품에 안고 흘러 굽이쳐 가네

저 건너 들에 핀 풀꽃들 꽃내음도 향긋해
거기 서 있는 그대 숨소리 들리는 듯도 해
이렇게 가까이에 이렇게 나뉘어서
힘없이 서 있는 녹슨 철조망을 처다만 보네
이렇게 가까이에 이렇게 나뉘어서
힘없이 서 있는 녹슨 철조망을 처다만 보네

빗방울이 떨어지려나 들어봐 저 소리
아이들이 울고 서 있어 먹구름도 몰려와
자 총을 내리고 두 손 마주잡고
힘없이 서 있는 녹슨 철조망을 걷어 버려요
자 총을 내리고 두 손 마주잡고
힘없이 서 있는 녹슨 철조망을 걷어 버려요

저 위를 좀 봐 하늘을 나는 새 철조망 너머로
꽁지 끝을 따라 무지개 내 마음이 오는 길
새들은 나르게 냇물로 흐르게
풀벌레 오가고 바람은 흐르고 마음도 흐르게
자 총을 내려 두 손 마주잡고

힘없이 서 있는 녹슨 철조망을 걷어 버려요
자 총을 내려 두 손 마주잡고
힘없이 서 있는 녹슨 철조망을 걷어 버려요
녹슬은 철망을 거두고 마음껏 흘러서 가게

— 김민기 작사 · 작곡,「철망 앞에서」

더 읽어 볼 책과 자료

- 『전환의 시대』 박노자 지음, 한겨레출판 2018년
- 『왜 오스트리아 모델인가』 안병영 지음, 문학과지성사 2013년
- 『반세기의 신화』 리영희 지음, 삼인 1999년
- 『12개 주제로 생각하는 통일과 평화 그리고 북한』 진희관·문인철·서보혁·엄현숙·임상순·함규진·홍석훈 지음, 박영사 2019년
- 『조난자들』 주승현 지음, 생각의힘 2018년
- 『통일 이후 통일을 생각한다』 김학준·박명림·김영윤·임홍빈·김재용·민경찬·이종재 지음, 푸른역사 2011년
- 『통일을 보는 눈』 이종석 지음, 개마고원 2012년
- 『멋진 통일운동 신나는 평화운동』 김창수 지음, 책세상 2000년
- 『통일담론의 지성사』 건국대학교 통일인문학연구단 기획, 패러다임북 2015년
- 『한국지성과의 통일대담』 건국대학교 통일인문학연구단 엮음, 패러다임북 2018년
- 『소문의 벽』 이청준 지음, 문학과지성사 2011년
- 『독일의 평화통일과 통일독일 20년 발전상』 황병덕 외 늘품 2011년
- 『여운형』 변은진 지음, 역사공간 2018년
- 『아리랑』 님 웨일즈·김산 지음, 송영인 옮김, 동녘 2005년
- 『행복한 통일이야기』 안영민 지음, 자리 2011년
- 『창작과 비평』 2018년 가을호, '어떤 남북연합을 만들 것인가'(백낙청), 창비 2018년
- 『연방제의 이론과 실제』 이형근 지음, 선인 2017년
- 『통일은 과정이다』 한반도평화포럼 지음, 서해문집 2015년
- 『동독민 이주사』 최승완 지음, 서해문집 2019년
- 『가자 북으로 오라 남으로』 황석영 지음, 자음과모음 2000년
- 『새로운 100년』 법륜·오연호 지음, 오마이북 2018년
- 『평양미술 : 조선화 너는 누구냐』 문범강 지음, 서울셀렉션 2018년
- 『북한경제와 협동하자』 이찬우 지음, 라이프인 2019년
- 『나의 살던 북한은』 경화 지음, 일다 2019년
- 『빌리 브란트를 기억하다』 에곤 바 지음, 박경서·오영옥 옮김, 북로그컴퍼니 2014년
- 『화교가 없는 나라』 이정희 지음, 동아시아 2018년

- 「경향신문」 '행복기행-'헬조선'의 기자들, 세계를 돌며 행복을 묻다 (1)군대 없앤 나라, 코스타리카' 장은교 기자 2016년 2월 22일

- 「고지전」 장훈 감독 2011년
- 「국제시장」 윤제균 감독 2014년

· 「공동경비구역 JSA」 박찬욱 감독 2000년
· 「무산일기」 박정범 감독 2011년

사진 제공

Widimea Commons 44쪽 미상, 54쪽 미상, 105쪽 ⓒ네덜란드국가기록원, 110쪽 CIA, 113쪽 ⓒPelz, 118쪽 미상, 153쪽(위, 아래) 백악관, 159쪽 ⓒ미국국가기록원
ⓒ연합뉴스 82쪽

그림을 그린 **김소희** 선생님은
『국제조약, 알면 뉴스가 들려요』 『동계올림픽완전대백과』, 『공부도사』, 『다음 세대를 위한 북한 안내서』 등의 책에 그림을 그렸습니다. 『반달』이라는 만화책을 내었고, 지금도 여러 가지 책에 들어가는 그림과 만화를 그리고 있습니다.

다음 세대를 위한 **통일 안내서**

2020년 2월 10일 제1판 1쇄 인쇄
2020년 2월 15일 제1판 1쇄 발행

지은이	서의동
그린이	김소희
펴낸이	김상미, 이재민
편집	이상희
디자인	민진기디자인
종이	다올페이퍼
인쇄	청아문화사
제본	길훈문화
펴낸곳	너머학교
주소	서울시 서대문구 증가로20길 3-12 1층
전화	02)336-5131, 335-3366, 팩스 02)335-5848
등록번호	제313-2009-234호

ⓒ 서의동, 2020

ISBN 978-89-94407-74-6 43340
www.nermerbooks.com

너머북스와 너머학교는 좋은 서가와 학교를 꿈꾸는 출판사입니다.